# 农村法律知识实用问答

苏华伟　李艳丽◎著

中国法制出版社
CHINA LEGAL PUBLISHING HOUSE

# 序　言

全民普法是全面依法治国的长期基础性工作。《中央宣传部、司法部关于开展法治宣传教育的第八个五年规划（2021—2025年）》指出，要持续提升公民法治素养，实行公民终身法治教育制度，把法治教育纳入干部教育体系、国民教育体系、社会教育体系。要加强国家工作人员法治教育，加强青少年法治教育，分层分类开展法治教育，根据不同的群体特点，开展有针对性的法治宣传教育活动，提高其依法维护权益的意识和能力。

在建设法治社会的大背景下，遇到问题通过法律途径解决已成为公民的习惯。在开展第八个五年法治宣传教育之际，我们根据社会需求，特别编写了本套“八五”普法实用问答丛书。本套丛书区分不同读者群体，分为以下7个分册：《公民常用法律知识实用问答》《领导干部法律知识实用问答》《公务员法律知识实用问答》《职工法律知识实用问答》《青少年法律知识实用问答》《企业法律知识实用问答》《农村法律知识实用问答》。

各分册以最简明、易懂的问答形式，挑选与相关读者群体关系最为密切的主题，从实用的角度，有针对性地设计问题。在保持专业性的同时，用尽可能通俗、流畅的语言，辅以必要的案例，向读者介绍相关的法律知识，帮助公民在日常工作与生活中，维护法治，遵守社会秩序，保护自己的合法权益。

希望广大读者通过本套丛书轻松学习法律知识，提升法治素养，提高尊法学法守法用法的自觉性和主动性，养成办事依法、遇事找法、解决问题用法、化解矛盾靠法的良好习惯。

# 目　录

## 第一章　农村基层治理问题



## 第二章　农村婚姻家庭问题

### 第一节　婚　　姻

## 第二节 收养、赡养

### 第三节 继 承



## 第三章 农村常见侵权问题

## 第四章　农村常见合同问题

## 第五章　农村土地治理问题

### 第一节　土地承包

### 第二节　宅基地与房屋



### 第三节　集体土地征收

### 第四节　集体土地保护



## 第六章　农民工权利保护问题

## 第七章　农村社会救助问题

# 第一章

## 农村基层治理问题

## 1　村民委员会的主要任务和职能是什么？

村民委员会是村民进行自我管理、自我教育、自我服务的基层群众性自治组织。根据《村民委员会组织法》第二条的规定，村民委员会的主要任务是办理本村的公共事务和公益事业，调解民间纠纷，协助维护社会治安，向人民政府反映村民的意见、要求和提出建议。村民委员会作为基层自治组织，应当通过办理与本村全体村民生产和生活密切相关的公共事务与公益事业，解决广大村民的困难与不便；通过下设调解委员会的方式，对村民之间的纠纷进行调解，及时化解矛盾，妥善处理邻里纠纷，树立良好村风民风；通过下设治安保卫委员会的方式，动员和组织村民参加社会治安的维护工作，维护村民生产生活安全，维护社会稳定。此外，村民委员会作为村民与人民政府之间的纽带和桥梁，应当及时向政府反映村民的意见、要求和建议，以便人民政府能更好地了解民情，为人民服务。

村民委员会承担的经济职能包括：支持和组织村民依法发

展各种形式的合作经济和其他经济，承担本村生产的服务和协调工作，促进农村生产建设和经济发展。依法管理本村属于村农民集体所有的土地和其他财产，引导村民合理利用自然资源，保护和改善生态环境。尊重并支持集体经济组织依法独立进行经济活动的自主权，维护以家庭承包经营为基础、统分结合的双层经营体制，保障集体经济组织和村民、承包经营户、联户或者合伙的合法财产权和其他合法权益。

村民委员会承担的社会职能包括：宣传宪法、法律、法规和国家的政策，教育和推动村民履行法律规定的义务、爱护公共财产，维护村民的合法权益，发展文化教育，普及科技知识，促进男女平等，做好计划生育工作，促进村与村之间的团结、互助，开展多种形式的社会主义精神文明建设活动。支持服务性、公益性、互助性社会组织依法开展活动，推动农村社区建设。在多民族村民居住的村，村民委员会还应当教育和引导各民族村民增进团结、互相尊重、互相帮助。

## 2 村民委员会每届任期几年，如何换届？

根据《村民委员会组织法》第十一条的规定，“村民委员会每届任期五年，届满应当及时举行换届选举”，村民委员会的具体换届选举要在各级党组织的领导下，按照公开、公平、公正和直接、差额、无记名投票的原则，充分尊重群众意愿，严格遵守法律程序进行。村民委员会换届的主要程序如下：

（1）以推选的方式产生村民选举委员会。根据《村民委员会组织法》第十二条的规定，村民委员会的选举，由村民选举委员会主持。村民选举委员会由村民会议、村民代表会议或者各村民小组会议推选的主任、委员组成。

（2）作好选民登记并按时公布选民名单。根据《村民委员会组织法》第十三条的规定，户籍在本村并且在本村居住的村民；户籍在本村，不在本村居住，本人表示参加选举的村民；户籍不在本村，在本村居住一年以上，本人申请参加选举，并且经村民会议或者村民代表会议同意参加选举的公民，均应当列入选民名单，且选民名单应当在选举日的二十日前由村民选举委员会公布。

（3）选民直接提名候选人。根据《村民委员会组织法》第十五条的规定，候选人由选民直接提名，且候选人的名额应当多于应选名额。选民提名候选人，应当从全体村民利益出发，推荐奉公守法、品行良好、公道正派、热心公益、具有一定文化水平和工作能力的村民为候选人。此外，村民选举委员会还应当组织候选人与村民见面，由候选人介绍履行职责的设想，回答村民提出的问题。

（4）选举产生村民委员会委员。选举村民委员会委员，应由登记参加选举的村民过半数投票，且获得参加投票的村民过半数选票的候选人，始得当选村民委员会委员。选举村委会委员实行无记名投票、公开计票，选举结果应当场公布。

（5）进行工作移交。根据《村民委员会组织法》第二十条的规定，村民委员会应当自新一届村民委员会产生之日起十日内完成工作移交。

## 3 对登记参加选举的村民名单有异议，该怎么办？

选民名单涉及村民的选举权和被选举权，因此应当准确无误，不能遗漏，也不能出现差错，如果发现选民名单错误，根据《村民委员会组织法》第十四条、《民事诉讼法》第一百八十八条、第一百八十九条的规定，应当按以下程序处理。

（1）向村民选举委员会提出申诉。任何对选民名单有异议的人，均可向村民选举委员会提出申诉，但应当在名单公布之日起五日内提出。村民选举委员会经过审查，认为申诉无理的，应当驳回；认为申诉有理的，应当变更选民名单；有遗漏的要及时补充，没有选举权但列入选民名单的应当除去。选举委员会应当自收到申诉之日起三日内作出处理决定，并公布处理结果。

（2）向法院提起诉讼，要求确认选民资格。经申诉，对选举委员会的处理结果不服的公民，可在选举日的五日以前向选区所在地基层人民法院起诉，要求法院对公民是否享有选举资格进行确认。法院在受理选民资格案件后，必须在选举日前审结，并作出确认选民资格的生效判决，送达当事人。法院作出的判决是认定公民是否享有选民资格的依据。需要注意的是，向法院提出选民资格确认前，应先向选举委员会提出申诉，未经申诉的，法院不予受理。同时，选民资格案件的审理适用特殊程序，且实行一审终审制，法院作出判决后即发生效力，不能上诉。

## 4 乡政府是否可以撤换不称职的村民委员会主任?

村民委员会是村民自我管理、自我教育、自我服务的基层群众性自治组织，实行民主选举、民主决策、民主管理、民主监督。根据《村民委员会组织法》第十一条的规定，村民委员会的主任、副主任和委员是由村民直接选举产生的，且该条明确规定，任何组织或者个人不得指定、委派或者撤换村民委员会成员。也就是说，即使乡政府认为村民委员会主任不称职，也无权撤换。

首先，乡政府对村委主任是否称职没有评价权。村委主任由村民民主选举产生，依法履行职务，其履职是否称职应由村民评判。如果乡政府认为村委主任不称职，不再适合担任村委主任职务，可以向村民或者村民代表提出罢免建议，但是否罢免由村民自主决定。

其次，罢免村委主任应当依法进行，任何人不能随意撤换。根据《村民委员会组织法》第十六条的规定，启动罢免程序应由本村五分之一以上有选举权的村民或者三分之一以上的村民代表联名提出罢免要求，但要说明罢免的理由。被罢免的村委主任有权提出申辩意见。最后罢免村委主任应以投票的方式进行，须有登记参加选举的村民过半数投票，方能罢免村委主任。

不论是村委成员的选举还是罢免，均应充分体现广大村民的意愿，这是村民自治的根本。乡政府可以对村民委员会的工作给予指导、支持和帮助，但不得干预依法属于村民自治范围内的事项。否则，应根据《村民委员会组织法》第三十六条的规定，由上一级人民政府责令改正。

## 5 涉及村民利益的哪些事项，必须经村民会议讨论决定？

村民会议是农村村民集体讨论并决定涉及全体村民利益问题的重要组织形式，也是村民自治的主要方式。

根据《村民委员会组织法》第二十四条的规定，涉及村民利益的下列事项，必须经村民会议讨论决定：

（1）本村享受误工补贴的人员及补贴标准。《村民委员会组织法》第六条规定，对村民委员会成员，根据工作情况，给予适当补贴。村民委员会成员不属于公务人员，不领取工资，其对村委工作的付出，应当给予合理的误工补贴，至于补贴的人员、数额，由村民会议决定。村委成员之外需要享受误工补贴的，同样应由村民会议讨论决定。

（2）村集体经济所得收益的使用。随着经济的发展，村集体经济愈加活跃，村集体通过兴办企业，收取租金、承包费，甚至投资股权等均可取得收益，这些收益作为村集体的财产，如何使用由村民会议讨论决定。

（3）本村公益事业的兴办和筹资筹劳方案及建设承包方案。本村公益事业是否建设、如何建设，不仅涉及村民的切身利益，而且涉及集体资金的使用、资金不足部分的筹集、劳务的分派等事宜，因此，与村公益事业兴建的相关事宜应经村民会议决定。

（4）土地承包经营方案。《农村土地承包法》第十九条规定，承包方案依法应经本集体经济组织成员的村民会议三分之二以上成员或者三分之二以上村民代表的同意。土地承包经营方案作为涉及全体村民切身利益的重大事宜，应由村民会议决定。

（5）村集体经济项目的立项、承包方案。村集体经济项目不仅涉及使用集体财产进行投资，还涉及如果投资失败以后的风险承担问题，故集体经济项目是否立项，如何承包均应由村民会议决定。

（6）宅基地的使用方案。宅基地的使用方案涉及村民基本权益——居住权的保障，应经村民会议讨论决定。且农村村民申请宅基地，应首先向村民小组或村委提出申请，经审查并公示后，报乡镇人民政府审核批准。

（7）征地补偿费的使用、分配方案。农村集体土地被依法征收、征用，根据《土地管理法》的规定，可以获得相应的征地补偿，对属于村集体所有的补偿款、安置补偿费的使用分配方案，应当由村民会议讨论决定。

（8）以借贷、租赁或者其他方式处分村集体财产。村集体财产属于全体村民共同所有，以任何方式处分集体财产，均应经村民会议讨论决定。

（9）村民会议认为应当由村民会议讨论决定的涉及村民利益的其他事项。

当然如果法律对讨论决定村集体经济组织财产和成员权益的事项另有规定的，依照其规定。

## 6　村民委员会委员被判处缓刑，能否继续任职？

《村民委员会组织法》第十八条规定，村民委员会成员丧失行为能力或者被判处刑罚的，其职务自行终止。

根据该条规定，村民委员会委员职务自行终止包括两种情形：一是丧失行为能力。通常是指当事人因疾病或事故不能独立行使权利、承担义务，此时，村委成员已经没有履行职务的能力，为了保障村民自治活动的顺利进行，其职务应当自行终止。二是被判处刑罚。《村民委员会组织法》第十五条规定，村民选举村民委员会，应推荐奉公守法、品行良好、公道正派、热心公益、具有一定文化水平和工作能力的村民为候选人。奉公守法不仅是对候选人的要求，更是对村委委员的基本要求。当村委委员因违法行为被判处刑罚，不仅意味着客观上不能继续履行村委委员的职务，同时也意味着该委员不再具备村委委员的基本条件，因此其职务应自行终止。我国《刑法》规定的刑罚包括主刑和附加刑，主刑有管制、拘役、有期徒刑、无期徒刑和死刑；附加刑有罚金、剥夺政治权利和没收财产。缓刑是指暂缓执行所判刑罚，它并不是刑罚的一个种类，而是对被判处一定刑罚的罪犯，在一定期限内附条件地不执行所判刑罚的一种执行方式。被判处缓刑的村民委员会成员，职务同样应当自行终止。

此外，《村民委员会组织法》第三十三条规定，村民委员会成员应当接受村民会议或者村民代表会议对其履行职责情况的民主评议。村民委员会成员连续两次被评议不称职的，其职务终止。

## 7 制定村民自治章程、村规民约应当注意哪些事项？

《宪法》第二十四条规定，国家通过普及理想教育、道德教育、文化教育、纪律和法制教育，通过在城乡不同范围的群众中制定和执行各种守则、公约，加强社会主义精神文明建设。村民自治章程、村规民约就是宪法所规定的守则、公约在农村的具体体现。

首先，根据《村民委员会组织法》第二十七条的规定，村民会议可以制定和修改村民自治章程、村规民约。

村民自治章程、村规民约作为广大村民遵守执行的行为规范，只能由村民会议讨论并制定，其他任何机关及个人均不能制定。具体制定工作，可先由村民委员会根据本村的具体情况制订草案，经村民会议讨论修改后，召开村民会议，并经到会人员的过半数通过。经表决通过的村民自治章程或村规民约，应向乡、镇政府备案，还应向全体村民公布。

村民自治章程和村规民约制定之后，在保持其相对稳定的同时，还需要根据实际情况适时修订完善，确保村民自治章程和村规民约能够与时俱进，在村民生产生活中发挥积极的指导作用、规范作用。修订村民自治章程和村规民约，同样应由村民会议讨论通过，并向乡镇政府备案。

其次，根据《村民委员会组织法》第二十七条的规定，村民自治章程、村规民约不得与宪法、法律、法规和国家的政策相抵触，不得有侵犯村民人身权利、民主权利和合法财产权利的内容。存在这些内容的，由乡级人民政府责令改正。

## 8　村民代表会议应如何召开？有哪些职权？

随着经济的发展，农村人口流动已十分频繁，为村民会议的召开带来了一定难度，在人数较多或居住分散的村，设立村民代表会议，在村民会议授权的范围内行使村民自治权，是村民自治发展的必然要求，也是对村民会议制度的有益补充。

根据《村民委员会组织法》第二十五条的规定，村民代表会议由村民委员会成员和村民代表组成。其中村民委员会成员包括村委主任、副主任和委员，由村民直接选举产生；村民代表由村民按每五户至十五户推选一人，或者由各村民小组推选若干人。为避免村民会议中村民代表的人数过少，该法第二十五条规定，村民代表应占村民代表会议组成人员的五分之四以上，且妇女村民代表应当占村民代表会议组成人员的三分之一以上。

村民代表会议每季度召开一次，由村民委员会召集；五分之一以上的村民代表提议召开的，也应当召集村民代表会议。村民代表会议有三分之二以上的组成人员参加方可召开，参加人数少于三分之二的，不符合会议召开条件，不能召开。村民代表会议符合召开条件，所作决定应当经到会人员的过半数同意方为有效。

根据《村民委员会组织法》的规定，村民代表会议的职权主要包括：推选村民选举委员会委员、递补委员；决定非本村户籍人员能否在本次村民委员会选举中参加选举；提出罢免村民委员会成员的要求；依据村民会议的授权审议村民委员会的年度工作报告，评议村民委员会成员的工作，撤销或者变更村民委员会不适当的决定；依据村民会议的授权讨论决定涉及村民利益的事项；推选村务监督机构成员；对村民委员会成员以及由村民或者村集体承担误工补贴的聘用人员的履职情况进行民主评议，以及村民会议依法授权的其他职权。

## 9 村民小组享有哪些职权？

《村民委员会组织法》第三条规定，村民委员会可以根据村民居住状况、集体土地所有权关系等分设若干村民小组。村民小组并非村民委员会的下设机构，而是村民委员会的分设组织，它可以拥有自己的土地、企业和其他财产，并对这些财产享有经营管理权。

村民小组最主要的职权是对本集体所有的土地、企业和其他财产进行经营管理。根据《土地管理法》第十一条的规定，农民集体所有的土地已经分别属于村内两个以上农村集体经济组织的农民集体所有的，由村内各该农村集体经济组织或者村民小组经营、管理。并且，村民小组可以根据《农村土地承包法》的规定，以家庭承包的方式将土地发包给本集体的农户，不宜采取家庭承包方式的荒山、荒沟、荒丘、荒滩等农村土地，可以采取招标、拍卖、公开协商等方式发包给本集体成员，或者本集体以外的成员。同时，村民小组对属于本集体所有的企业、房屋、投资等财产进行经营管理并取得收益。村民小组对集体土地、集体财产的经营管理以及公益事项的办理，应当由村民小组会议依照有关法律的规定讨论决定，所作决定及实施情况应当及时向本村民小组的村民公布。

当村民小组的财产权益受到侵害时，根据《最高人民法院关于村民小组诉讼权利如何行使的复函》，村民小组还可以依法向法院提起诉讼，维护村民小组的集体利益。

此外，根据《村民委员会组织法》第十二条的规定，村民小组可以推选村民选举委村民委员会成员。根据第二十五条的规定，因人数较多或者居住分散，设立村民代表会议的村民委员会，可以由村民小组推选村民代表。而且，村民小组还承担着村民与村委会之间上通下达的任务，向上反映村民的意见和建议，向下通知并落实村委的决议或决定，并协助村委会办理本村公共事务和公益事业等职能。

需要说明的是，村民小组召开会议，应当有本村民小组十八周岁以上的村民三分之二以上，或者本村民小组三分之二以上的户的代表参加，所作决定应当经到会人员的过半数同意。

## 10 村务公开的主要内容有哪些？

村务公开是村民委员会把处理本村事务的相关情况，通过一定形式和程序告知全体村民，是村民享有知情权、参与权、决策权、监督权等相关权益的重要保障，也是促进村干部廉洁自律，强化监督机制的重要环节。

根据《村民委员会组织法》第三十条的规定，村民委员会应当及时公布下列事项，接受村民的监督：

（1）由村民会议、村民代表会议讨论决定的事项及其实施情况。这些事项主要包括：村民会议或村民代表会议审议的村民委员会的年度工作报告，评议村民委员会成员的工作情况，撤销或者变更村民委员会、村民代表会议不适当决定的情况；

本村享受误工补贴的人员及补贴标准；从村集体经济所得收益的使用；本村公益事业的兴办和筹资筹劳方案及建设承包方案；土地承包经营方案；村集体经济项目的立项、承包方案；宅基地的使用方案；征地补偿费的使用、分配方案；以借贷、租赁或者其他方式处分村集体财产；村民会议认为应当由村民会议讨论决定的涉及村民利益的其他事项。这些事项的办理及实施情况属于应当向村民公开的范围。

（2）国家计划生育政策的落实方案。

（3）政府拨付和接受社会捐赠的救灾救助、补贴补助等资金、物资的管理使用情况。

（4）村民委员会协助人民政府开展工作的情况。

（5）涉及本村村民利益，村民普遍关心的其他事项。

这些应当向村民公布的事项中，一般事项至少每季度公布一次，集体财务往来较多的，财务收支情况应当每月公布一次，涉及村民利益的重大事项应当随时公布。且村民委员会应当保证所公布事项的真实性，接受村民的查询。如果村民委员会不及时公布应当公布的事项或者公布的事项不真实的，根据《村民委员会组织法》第三十一条的规定，村民有权向乡、民族乡、镇的人民政府或者县级人民政府及其有关主管部门反映，有关人民政府或者主管部门应当负责调查核实，责令依法公布，且经查证确有违法行为的，有关人员应当依法承担责任。

# 第二章

# 农村婚姻家庭问题

# 第一节　婚　　姻

## 1　婚前男方父母出资为儿子购买的房产，属于儿子的个人财产还是夫妻共同财产?

为了孩子结婚，农村父母为子女在城区购置商品房，也是目前较为普遍的现象，但是父母出巨资购买的房产到底归谁所有，属于小夫妻的共同财产，还是儿子的个人财产，成为父母关注的重点，如果孩子夫妻和睦，归谁所有倒也无所谓，但如果感情不和，房产的分割更是争执的焦点。

根据《民法典》第一千零六十二条的规定，夫妻在婚姻关系存续期间所得财产为夫妻共同财产。父母出资为子女购置房产大体分为以下几种情况。

第一种情形是，在儿子婚前，父母全款出资为儿子购买的房产。根据《最高人民法院关于适用〈中华人民共和国民法典〉婚姻家庭编的解释（一)》第二十九条的规定，当事人结婚前，父母为双方购置房屋出资的，该出资应当认定为对自己子女个人的赠与，但父母明确表示赠与双方的除外。据此，父母在儿子婚前全款为儿子购买的房产，除非父母明确表示该房产赠与夫妻二人，否则，该赠与属于父母对儿子个人的赠与，该房产属于男方婚前个人财产，与女方无关。双方因此发生争议的情况较为少见。

第二种情形也较为常见，在儿子婚前，父母以儿子的名义支付了房屋的首付款为其购买房产，剩余按揭贷款由小夫妻二人共同偿还，该房产是否属于夫妻共同财产，以及离婚时该如何分割，较为复杂。

以按揭贷款方式购买房产，通常由购房者支付首付款，剩余房款由购房者以银行贷款方式完成全款支付义务，然后由购房者根据借款合同的约定向银行偿还借款。在按揭贷款的情况下，房屋是儿子个人财产还是夫妻共同财产还要根据按揭贷款偿还时间来判断。按揭贷款在婚前已经清偿完毕，婚前房屋出资全部完成，该房屋属于儿子个人财产；如果有部分按揭贷款是在结婚之后清偿，根据《最高人民法院关于适用〈中华人民共和国民法典〉婚姻家庭编的解释（一)》第七十八条的规定，男方支付首付购买房产，婚后夫妻二人共同清偿房贷，不动产登记于男方名下的，离婚时房产的归属由双方协议处理，协议不成的，房产归男方所有，尚未归还的贷款为男方的个人债务。婚后夫妻二人共同清偿贷款所支付的款项，包括本息及其相应的增值部分，根据照顾子女、女方和无过错方权益的原则由男方给予女方补偿。

第三种情形，小夫妻准备结婚自己出资购房，父母仅提供了部分资金支持，房屋的产权归小夫妻共有，不论父母提供的资金是赠与还是借款，均与房屋的产权无关。

## 2　筹备婚礼期间，女方突然反悔，男方前期支付的款项还能否要回来？

《民法典》第一千零四十六条明确规定，结婚应当男女双方完全自愿，女方在筹备婚礼期间反悔虽让人感觉遗憾，但仍应当尊重女方作出的选择。

根据农村的风俗习惯，男女双方在恋爱期间，男方及其家属会给予女方一定的财物，这些财物是否应当返还应根据具体情况具体分析。

（1）男女双方在恋爱期间，为了增加感情会互赠礼物、发红包，以及支付其他款项，这些财物通常数额不大，应属于双方之间的赠与行为，一般不予返还。

（2）男女双方交往期间，男方的父母或其他近亲属，在第一次见面时会给女方一定数额的见面礼，在重要节日给女方发红包，有些地方的女方父母也会给男方发红包。这些款项数额通常不会太大，目的同样在于增进感情，其实质仍属于赠与，通常不用返还。

（3）有些农村至今仍保留着订婚的习俗，订婚时双方父母见面，男方通常会准备体面的礼物，并给女方支付较大数额的订婚礼金，确定将来的婚约。订婚时男方支付的礼金，明显带有彩礼的性质，在女方婚前反悔时应当将订婚礼金返还给男方。

（4）结婚前男方向女方支付的彩礼，通常数额较大，且男方给付彩礼的目的在于缔结婚姻，在女方婚前反悔时，应当将收到的彩礼返还男方。《最高人民法院关于适用〈中华人民共和国民法典〉婚姻家庭编的解释（一）》第五条规定，双方未办理结婚登记手续；双方办理结婚登记手续但确未共同生活；婚前给付并导致给付人生活困难的，一方当事人请求返还按照习俗给付的彩礼的，人民法院应当予以支持。

此外，需要注意的是，《民法典》第一千零四十二条规定禁止借婚姻索取财物，因此应将男女双方根据风俗习惯支付彩礼与借婚姻索取财物加以区分。同时要注意个别人并无结婚的打算，却假借婚姻骗取财物的骗婚行为，如果其骗取财物数额较大，触犯《刑法》第二百六十六条规定的诈骗罪，将会被追究刑事责任。

## 3 婚后男方继承的财产，是否属于夫妻共同财产？

婚后男方继承的财产，是否属于夫妻共同财产，应从以下两个方面进行分析。

（1）双方约定夫妻关系存续期间男方所继承遗产属于个人财产的，应当以约定为准。

《民法典》第一千零六十五条规定，男女双方可以约定婚姻关系存续期间所得的财产以及婚前财产归各自所有、共同所有或者部分各自所有、部分共同所有；该约定对双方具有法律约束力。据此，如果双方作出了婚后男方继承的遗产为男方个人财产的约定，该约定对双方均具有约束力，应当遵照执行。

（2）被继承人遗嘱里确定该遗产仅归男方所有，男方根据该遗嘱取得的遗产属于个人财产。除此之外，在夫妻关系存续期间，男方因继承取得财产属于夫妻共同财产。

《民法典》第一千零六十三条规定，一方的婚前财产；一方因受到人身损害获得的赔偿或者补偿；遗嘱或者赠与合同中确定只归一方的财产；一方专用的生活用品；其他应当归一方的财产，属于夫妻一方的个人财产。显然，男方依遗嘱继承取得遗产，且遗嘱确定该遗产仅归男方一人所有的，属于男方个人所有的财产，不属于夫妻共同财产。同时根据《民法典》第一千零六十二条的规定，男方在夫妻关系存续期间取得的遗产，除了遗嘱中确定归男方所有的遗产之外，所有因继承取得的财产，均属于夫妻共同财产。

需要注意的是，男方因继承取得的财产属于夫妻共同财产的，在离婚时根据夫妻共同财产进行分割；如果继承事实发生在婚姻关系存续期间，但离婚时仍未对遗产进行分割，此时男方享有的是财产权利，该财产权利亦属夫妻共有，即便离婚后才取得分割的遗产，女方仍可以向男方主张分割夫妻共同财产。例如，张三婚后其母去世，张三可以继承其母的部分遗产，但因其父健在，未对其母的遗产进行分割，直到离婚多年后，其父去世，方对遗产进行分割，张三取得了其父母的遗产。对于张三继承的其母亲遗留的财产，因继承的时间发生在夫妻关系存续期间，张三前妻可以要求按夫妻共同财产进行分割，对张三继承的其父亲遗留的财产，张三前妻无权要求分割。

## 4 妻子身患重病，丈夫不管不问该怎么办？

男女双方结为夫妻，在物质上互相帮助、生活上互相照顾、精神上互相支持，遇到困难时互相帮扶、共同解决，不仅为人之常情，也是婚姻所负载的基本功能。我国《民法典》第一千零四十三条也规定，夫妻之间应当互相关爱，当妻子身患重病，丈夫理应承担扶养照顾、为其医疗的夫妻之责，如果丈夫不管不问，妻子可以通过以下方式维护自己的权利。

（1）要求丈夫给付扶养费，并对其照顾、扶养。

《民法典》第一千零五十九条规定，夫妻有相互扶养的义务；需要扶养的一方，在另一方不履行扶养义务时，有要求其给付扶养费的权利。根据该条规定，丈夫作为妻子的法定扶养义务人，在妻子身患疾病、没有收入来源的情形下，可要求丈夫给付医疗费用、生活费用，履行法定扶养义务。如果丈夫拒绝履行，其行为已涉嫌遗弃，情节较轻尚不构成犯罪的，根据《治安管理处罚法》第四十五条的规定，遗弃没有独立生活能力的被扶养人的，可对其处以五日以下拘留或者警告；如果情节恶劣触犯《刑法》，根据《刑法》第二百六十一条“对于年老、年幼、患病或者其他没有独立生活能力的人，负有扶养义务而拒绝扶养，情节恶劣的，处五年以下有期徒刑、拘役或者管制”的规定，可对其判处刑罚。

（2）妻子可以要求解除婚姻关系、分割夫妻共同财产，同时，要求对方承担遗弃家庭成员的过错赔偿责任。

当夫妻一方身患重病，另一方不管不问，大多数人会对这段婚姻失去信心，从而选择离婚。根据《民法典》第一千零七十九条的规定，一方实施家庭暴力或者虐待、遗弃家庭成员，经调解无效的，应当准予离婚。同时根据《民法典》第一千零九十一条的规定，重婚；与他人同居；实施家庭暴力；虐待、遗弃家庭成员；或有其他重大过错导致离婚的，无过错方有权请求损害赔偿。根据以上规定，无过错的妻子不仅可以主张离婚，分割夫妻共同财产，还可以同时要求丈夫支付损害赔偿金。

## 5 夫妻感情不和，想要离婚该怎么办？

夫妻感情不和，想要离婚可以通过以下程序办理。

（1）双方均同意离婚，且对财产分割子女抚养协商一致的，可通过婚姻登记机关办理离婚登记，解除婚姻关系。

如果双方均同意离婚，且对财产子女等问题协商一致，并签订书面离婚协议，应亲自到婚姻登记机关申请离婚登记。但《民法典》第一千零七十七条首次设立了离婚冷静期，根据该规定，婚姻登记机关收到离婚申请后，并不是直接发给离婚证，而是给予准备离婚的夫妻双方三十天的离婚冷静期，在这三十天内，任何一方不愿意离婚的，均可以撤回离婚登记申请。即便三十天期满，双方均未撤回离婚申请，仍应在冷静期满后的三十天内亲自到婚姻登记机关申请发给离婚证，未申请的，视为撤回离婚登记申请。经过离婚冷静期，双方仍坚持离婚，婚姻登记机关在查明双方确属自愿离婚，并已经对子女抚养、财产以及债务处理等事项协商一致的，予以登记，发给离婚证，婚姻关系解除。

（2）一方不同意离婚，或虽同意离婚但双方对子女抚养、财产分割存在争议的，可到法院起诉离婚。

如果一方不同意离婚，或者双方虽同意离婚，但就财产分割、子女抚养无法达成共识，协商不成的，可向人民法院提起离婚诉讼。

人民法院受理离婚案件后，应当进行调解，可以调解离婚，也可以调解重归于好。如果调解无效，则应当对夫妻双方的感情是否确已破裂进行审查。根据《民法典》第一千零七十九条的规定，存在重婚或者与他人同居；实施家庭暴力或者虐待、遗弃家庭成员；有赌博、吸毒等恶习屡教不改；因感情不和分居满二年；以及其他导致夫妻感情破裂的情形，经调解无效，应当准予离婚。如果法院经审理认为双方感情尚未完全破裂，仍有和好可能，判决不准离婚，此后双方又分居满一年，一方再次起诉离婚，法院应当准予离婚。经调解离婚的，在调解书生效时，经判决离婚的，在判决书生效时，双方婚姻关系解除。

## 6　举办了结婚仪式，但是没有领结婚证，想要离婚该怎么办？

在农村举办结婚仪式尚未领取结婚证，即以夫妻名义共同生活的情形较为常见。但共同生活期间，男女双方发生情感纠纷，该如何处理却较为麻烦。

《民法典》第一千零四十九条规定，要求结婚的男女双方应当亲自到婚姻登记机关申请结婚登记；符合本法规定的，予以登记，发给结婚证；完成结婚登记，即确立婚姻关系；未办理结婚登记的，应当补办登记。据此，完成结婚登记，也就是领取结婚证男女双方才具有夫妻身份，相互承担夫妻间的权利与义务。否则除符合法律规定的事实婚姻外，男女双方之间属于同居关系，相互之间没有夫妻间相互扶养、互相继承遗产的权利义务，如果在同居期间，一方患有重大疾病，另一方没有法定的扶养义务；一方去世的，另一方也没有法定的遗产继承权。同居期间，双方之间也不存在所谓的离婚问题。

关于同居关系的解除问题。同居关系的形成不需要履行特定手续，同居关系的解除也不需要履行特定手续，即使举行了结婚仪式，也是如此。如果一方向法院起诉仅要求解除同居关系的，法院也不予受理，但是当同居的男女双方因财产分割、子女抚养发生纠纷向法院起诉的，则属于法院的受案范围。

关于同居期间的财产分割问题。男女双方同居期间，共同所得的收入和购置的财产属于男女双方的共同财产，不属于夫妻共同财产，不适用分割夫妻共同财产的法律规定。分割因同居形成的共同财产，首先由男女双方协商解决，协商不成的，应根据共有财产的规定进行分割。即男女双方对共有的财产有约定的按约定，没有约定或者约定不明确的，因双方不具有家庭关系，视为按份共有；按份共有人对共有的财产享有的份额，有约定的按约定，没有约定或者约定不明确的，按照出资额确定，不能确定出资额的，视为等额享有。

关于同居期间的子女抚养问题。《民法典》第一千零七十一条规定，非婚生子女享有与婚生子女同等的权利。因此，对同居期间生育子女的抚养权的确定、抚养费的支付、父母子女关系的认定等均与婚生子女完全相同，相关纠纷的处理适用相同的法律规定。

需要注意的是符合事实婚姻法律规定的男女双方，即使未领取结婚证，想要离婚也应当按离婚的法律规定处理。根据《最高人民法院关于适用〈中华人民共和国民法典〉婚姻家庭编的解释（一）》第七条的规定，（1）1994 年 2 月 1 日民政部《婚姻登记管理条例》公布实施以前，男女双方已经符合结婚实质要件的，按事实婚姻处理。（2）1994 年 2 月 1 日民政部《婚姻登记管理条例》公布实施以后，男女双方符合结婚实质要件的，人民法院应当告知其补办结婚登记。未补办结婚登记，当事人因同居期间财产分割或子女抚养发生纠纷向法院提起诉讼的，法院予以受理；当事人仅起诉要求解除同居关系的，人民法院不予受理。

## 7 离婚时，夫妻双方都想抚养孩子，该怎么办？

离婚时双方争夺孩子抚养权的情况经常出现，但也有个别家庭，出现离婚时都不要孩子的现象。

《民法典》第一千零八十四条规定了确定子女抚养权的基本原则：不满两周岁的子女，以由母亲直接抚养为原则；已满两周岁的子女，父母双方对抚养问题协议不成的，由人民法院根据双方的具体情况，按照最有利于未成年子女的原则判决；子女已满八周岁的，应当尊重其真实意愿。

对于不满两周岁的子女，根据《最高人民法院关于适用〈中华人民共和国民法典〉婚姻家庭编的解释（一）》第四十四条、第四十五条的规定，由母亲直接抚养、照顾更有利于孩子的健康成长，但如果母亲患有久治不愈的传染性疾病或其他严重疾病；有抚养条件不尽抚养义务，而父亲要求子女随其生活，以及存在其他子女确实不宜随母亲共同生活的情形，可以由父亲抚养。此外，父母双方协议不满两周岁子女由父亲直接抚养，并对子女健康成长无不利影响的，也可以由父亲抚养。

对于已满两周岁的子女，应当根据自愿原则，由父母双方协商确定孩子的抚养权，协商不成的，应当根据双方的具体情况，按照最有利于未成年子女的原则确定孩子的抚养权。《最高人民法院关于适用〈中华人民共和国民法典〉婚姻家庭编的解释（一）》第四十六条规定，对已满两周岁的未成年子女，父母均要求直接抚养，一方有下列情形之一的，可予优先考虑：（1）已做绝育手术或者因其他原因丧失生育能力；（2）子女随其生活时间较长，改变生活环境对子女健康成长明显不利；（3）无其他子女，而另一方有其他子女；（4）子女随其生活，对子女成长有利，而另一方患有久治不愈的传染性疾病或者其他严重疾病，或者有其他不利于子女身心健康的情形，不宜与子女共同生活。第四十七条规定，父母抚养子女的条件基本相同，双方均要求直接抚养子女，但子女单独随祖父母或者外祖父母共同生活多年，且祖父母或者外祖父母要求并且有能力帮助子女照顾孙子女或者外孙子女的，可以作为父或者母直接抚养子女的优先条件予以考虑。

当未成年子女年满八周岁，其已具有一定的自主意识与认知能力，对与自己密切相关的抚养事宜完全可以自主表达意愿，此时应当征求子女的意见，并尊重他们的选择。

需要注意的是，《民法典》第一千零八十四条规定的抚养权，仅指与子女一起生活的权利，不直接抚养子女的一方并没有因此失去子女的监护权，对子女仍负有抚养、教育、保护的权利和义务，且应当根据《民法典》第一千零八十五的规定承担部分或者全部抚养费，同时其可以根据《民法典》第一千零八十六条的规定享有探望子女的权利，但探望不得对子女的身心健康造成不利影响。

## 8 离婚时，共同财产如何分割?

《民法典》第一千零八十七条规定，离婚时，夫妻的共同财产由双方协议处理；协议不成的，由人民法院根据财产的具体情况，按照照顾子女、女方和无过错方权益的原则判决。该条规定了离婚时财产分割的方式，一是协议分割，二是判决分割。本着家务纠纷尽量协商解决的原则，分割夫妻共同财产首先由夫妻双方根据自愿原则进行协商，只有在协商不成的情形下，方由法院根据照顾子女、女方和无过错方权益的原则进行判决。

除了该条规定的协商优先的原则，分割夫妻共同财产还应当遵循以下几个原则。

(1) 均等分割的一般原则。夫妻共同财产属夫妻二人共同共有，适用《民法典》关于共同共有的规定，在没有约定或约定不明的情况下，夫妻共同财产应当平均分割，但在离婚期间双方协议处理夫妻共同财产时，以当事人意愿为准，一方可以多分，也可以不分，不受平均分割的限制。

(2) 照顾子女、女方和无过错方权益的补充原则。在平均分割夫妻共同财产的基础上，考虑适当照顾子女、女方和无过错方。照顾子女是为了更好地维护未成年人的利益，从而对直接抚养子女的一方适当多分；照顾女方是由于在大多数情况下，相较男性而言，女性对家庭投入更多，在自我发展、获得经济收入等方面的投入变少，这在农村表现尤为突出，所以分割财产时适当照顾女方，既符合公平原则，也有利于家庭的和谐；照顾无过错方，是基于对过错方的惩罚，如果一方在夫妻关系存续期间存在重婚、虐待、遗弃、不忠诚等行为，分割财产时对无过错方应当给予照顾，是社会公平正义的一种体现。当然，如果过错方存在《民法典》第一千零九十一条规定的重婚，与他人同居，实施家庭暴力，虐待、遗弃家庭成员以及其他重大过错导致离婚的情形，无过错方还可以根据该条要求过错方给予损害赔偿。

（3）坚持物尽其用，避免减损财产价值的原则。夫妻共有作为共有的一种形式，同样适用《民法典》关于共有财产的相关法律规定，根据《民法典》第三百零四条，共有的不动产或者动产可以分割且不会因分割减损价值的，应当对实物予以分割；难以分割或者因分割会减损价值的，应当对折价或者拍卖、变卖取得的价款予以分割。假如离婚时涉及分割房产，且无法将房产一分为二，则应当使用折价补偿的方式，想要取得房产的一方应当给予对方相应补偿。

## 9 离婚时，一方在外的欠款，另一方是否要共同偿还?

在部分农村家庭中，妇女在家承担赡养老人、抚养孩子、照顾家庭的责任，对丈夫在外从事的经济活动并不知情，直到离婚时方知自己面临承担巨额债务的风险。

《民法典》第一千零八十九条规定，离婚时，夫妻共同债务应当共同偿还。厘清哪些债务属于夫妻共同债务，是确定另一方是否承担责任的前提。《民法典》第一千零六十四条规定，夫妻双方共同签名或者夫妻一方事后追认等共同意思表示所负的债务，以及夫妻一方在婚姻关系存续期间以个人名义为家庭日常生活需要所负的债务，属于夫妻共同债务。夫妻一方在婚姻关系存续期间以个人名义超出家庭日常生活需要所负的债务，不属于夫妻共同债务；但是，债权人能够证明该债务用于夫妻共同生活、共同生产经营或者基于夫妻双方共同意思表示的除外。

根据该条规定，夫妻共同债务包括以下几类：

(1) 基于夫妻共同意思表示所负的债务。一是“共债共签”，夫妻双方共同借债，共同在债权凭证（借条或者欠条）签名，这种情形属于典型的夫妻共同债务。二是事后追认，债权凭证上虽然只有一方签名，但是另一方认可该债务，或者表示愿意偿还该债务，那么该债务则属于夫妻共同债务。即便该债务为一方的个人债务，只要另一方追认，即由个人债务转化为夫妻共同债务。

（2）夫或妻一方因为家庭日常生活需要形成的债务，也即因家事代理形成的债务。根据家事代理认定夫妻共同债务要注意以下几点：一是家事代理必须限定在因家庭日常生活需要而形成的债务，如家庭衣食住行、医疗保健、子女抚养教育、赡养老人等。二是要结合夫妻双方实际情况认定是否属于夫妻共同债务，如负债金额大小、家庭富裕程度、夫妻关系是否安宁、当地经济水平以及交易习惯等。三是审核借贷行为本身，如借贷双方熟识程度、借款名义及资金流向等因素。综合以上三个因素认定借债行为是否构成家事代理，该债务是否属于夫妻共同债务。比如，妻子为给其父亲治疗疾病而借债，该债务则属于夫妻共同债务，如果妻子为给其父亲治疗疾病而购买价格昂贵的保健器具进而借债，就不属于夫妻共同债务。

（3）除以上三种情形外，债权人能够证明债务人借债用于夫妻共同生活、共同生产经营或者基于夫妻共同意思表示形成的借债，也会被认定为夫妻共同债务。例如，丈夫借款，却将所借款项转到妻子名下，或者出借人直接将款项转到夫妻共同开办的公司账户上，该情形通常被认定为夫妻共同债务。

除此之外，夫妻一方在婚姻关系存续期间以个人名义超出家庭日常生活需要所负的债务，不属于夫妻共同债务，另一方不承担清偿责任。如一方借钱用于个人投资、赌博，或者为他人提供担保形成的债务，均不属于夫妻共同债务，另一方不承担清偿责任。

## 10 离婚前，对方故意转移财产该怎么办？

离婚时夫妻双方对夫妻共同财产应该进行合理分割。而现实生活中一方在离婚前即开始转移夫妻共同财产，甚至伪造夫妻共同债务企图侵占夫妻共同财产的情形时有发生，该种情形严重违背了诚信原则，也严重损害了对离婚毫无准备的另一方的合法利益。

夫妻共同财产为夫妻二人共同所有，双方享有平等的占有、使用、收益和处分的权利，一方恶意隐藏、转移、变卖、毁损夫妻共同财产的行为，不仅违反了《民法典》第七条“民事主体从事民事活动，应当遵循诚信原则，秉持诚实，恪守承诺”的规定，也违反了《民法典》第一千零六十二条“夫妻对共同财产，有平等的处理权”的规定。

根据《民法典》第一千零九十二条的规定，只要夫妻一方有隐藏、转移、变卖、毁损、挥霍夫妻共同财产，或者伪造夫妻共同债务企图侵占另一方财产的行为，在离婚分割夫妻共同财产时，对该方可以少分或者不分，并且不论该行为是发生在离婚期间，还是离婚之前。

另外，在离婚诉讼期间，如果转移夫妻共同财产的一方，实施了伪造、毁灭重要证据；以暴力、威胁、贿买方法阻止证人作证或者指使、贿买、胁迫他人作伪证的；隐藏、转移、变卖、毁损已被查封、扣押的财产，或者已被清点并责令其保管的财产，转移已被冻结的财产等行为，根据《民事诉讼法》第一百一十四条的规定，人民法院可以根据具体行为、情节轻重，予以罚款、拘留，构成犯罪的，依法追究刑事责任。

此外，如果在离婚后，才发现对方存在隐藏、转移、变卖、毁损、挥霍等侵害夫妻共同财产行为的，财产权受到侵害的一方仍然可以根据《民法典》第一千零九十二条的规定，请求再次分割夫妻共同财产，但应当在知道或应当知道权利受到侵害之日起三年内请求分割，否则根据《民法典》第一百八十八条之规定，再次请求分割财产的权利不再受法律保护。

## 第二节 收养、赡养

### 1 想收养孩子，收养人应具备哪些条件？

在农村，“不孝有三，无后为大”的观念已经发生了很大改变，但那些没有孩子的家庭，仍渴望能通过收养孩子，享受孩子带来的天伦之乐，《民法典》第一千零九十八条对收养人应当具备的条件作出了明确规定，且这些条件收养人应当同时具备，缺一不可。

（1）收养人应当无子女或者只有一名子女。《民法典》第一千一百条规定，无子女的收养人可以收养两名子女，有子女的收养人只能收养一名子女。但是，收养孤儿、残疾未成年人或者儿童福利机构抚养的查找不到生父母的未成年人，可以不受该限制；华侨收养三代以内旁系同辈血亲的子女，也可以不受该限制。

（2）收养人应当具有抚养、教育和保护被收养人的能力。根据《民法典》第一千一百一十一条的规定，收养将在收养人与被收养人之间形成法律认可的父母子女关系，养父母与养子女之间的权利义务与父母子女之间的权利义务相同，而父母对未成年子女负有法定的抚养、教育、保护的义务。该条的规定不仅在于维护未成年人的利益，更重要的是要求收养人具有履行父母法定义务的能力。

（3）收养人未患有在医学上认为不应当收养子女的疾病。如果收养人患有传染病、精神病尚未治愈，则不符合收养条件，办理收养登记时，登记机关也会要求收养人提供县级以上医疗机构出具的身体健康检查证明。

（4）收养人没有不利于被收养人健康成长的违法犯罪记录。如果收养人有吸毒、拐卖儿童、虐待或遗弃儿童等违法犯罪行为的，不利于被收养人的身心健康成长，也不符合收养条件。

（5）收养人要年满三十周岁。无配偶者收养异性子女的，收养人与被收养人的年龄应当相差四十周岁以上，但是收养三代以内旁系同辈血亲的子女不受年龄相差四十周岁的限制。

此外，根据《民法典》第一千一百零一条的规定，有配偶者收养子女，应当夫妻共同收养。根据《民法典》第一千一百零三条的规定，继父或者继母收养继子女，只需要经过继子女的生父母同意即可，不受上述五个条件的限制。

## 2 哪些人可以被收养?

根据《民法典》第一千零九十三条、第一千零九十五条等相关法律规定，只有未成年人可以被收养，且只有具备以下情形的未成年人可以被收养。

（1）丧失父母的孤儿可以被收养。丧失父母包括两种情形，一是父母因不幸事故或疾病去世，二是父母因下落不明满四年或者因意外事故下落不明满两年，经过法定程序，被法院宣告死亡，两种情形均属于丧失父母。

（2）查找不到生父母的未成年人可以被收养。因走失、遗弃、被拐等原因与父母分离，虽然生父母在世，但却查找不到的未成年人可以被收养。

（3）生父母有特殊困难无力抚养的子女可以被收养。主要包括以下几种情形：一是生父母双方均身患重病或重度残疾，经济困难，无力抚养的子女；二是生父母一方死亡，另一方身患重病或重度残疾，经济困难，无力抚养的子女；三是非婚生子女，以及其他生父母有特殊困难，无力抚养的子女，可以被收养。但是，如果是收养三代以内旁系同辈血亲的子女，不受该条的限制。

符合以上条件的未成年人可以被收养，但送养也应当符合法律规定，根据《民法典》第一千零九十四条的规定，送养应当由孤儿的监护人、儿童福利机构、有特殊困难无力抚养子女的生父母依法送养。孤儿的监护人送养孤儿的，还应当征得抚养义务人的同意；未成人的生父母送养子女的，应当双方共同送养，生父母一方不明或查找不到的，方能单方送养；如果未成年人的父母均不具备完全民事行为能力且可能严重危害该未成年人的，该未成年人的监护人可以将其送养。

农村存在老人“收养”成年子女的情况，多是无人赡养的老人经村委许可，许诺将自己的房产、宅基地使用权过到“养子女”名下，村委同意该“养子女”在本村落户，并享受村民待遇。老人与“养子女”共同生活，互称父母子女，并由“养子女”承担养老送终的义务。该情形虽然名为收养，并得到了村委的认可，但并不符合《民法典》关于收养的规定，根据双方之间的约定应属于遗赠扶养协议，但种方式很好地解决了农村孤寡老人无人赡养的问题。

## 3　养父母虐待未成年养子女的，能否解除收养关系？

根据《民法典》第一千一百一十四条的规定，收养人在被收养人成年以前，原则上不得解除收养关系。但如果收养人不履行抚养义务，有虐待、遗弃等侵害未成年养子女合法权益行为的，送养人有权要求解除养父母与养子女间的收养关系。

虽然《民法典》第一千零四十四条规定了收养应当遵循最有利于被收养人的原则，保障被收养人和收养人的合法权益，并以此为基础制定了收养行为的各项规则，但仍无法完全杜绝养父母虐待未成年养子女的情形。如果收养人虐待未成年养子女，送养人完全可以根据《民法典》第一千一百一十四条第二款的规定，要求解除养父母与养子女间的收养关系。

送养人、收养人可以就解除收养关系的相关事宜进行协商，经协商达成解除收养关系协议的，持居民户口簿、身份证、收养登记证、解除收养关系的书面协议等资料，共同到被收养人常住户口所在地的收养登记机关办理解除收养登记，协商不成的，送养人可以向人民法院起诉要求解除收养关系。送养人也可以不经协商，直接向法院提起诉讼。

收养关系解除后，养子女与养父母以及其他近亲属间的权利义务关系即行消除，与生父母以及其他近亲属间的权利义务关系自行恢复。没有找到亲生父母的或者亲生父母已经去世的未成年人，由当地民政部门送往儿童福利院生活。

需要强调的是，因养父母虐待、遗弃养子女而解除收养关系，养父母无权要求送养人补偿收养期间支出的生活费和教育费。虐待养子女，被虐待人要求处理的，根据《治安管理处罚法》第四十五条的规定，养父母可能被处五日以下拘留或者警告；如果虐待行为严重，触犯《刑法》第二百六十条，养父母还可能以虐待罪被追究刑事责任。

## 4　成年养子女不赡养养父母，该怎么办？

在农村不赡养老人的现象仍然存在，尤其在经济条件较差的家庭，以及养父母与成年养子女之间存在矛盾的家庭，子女不愿承担赡养义务的现象相对较多。

根据《民法典》第一千一百一十一条的规定，自收养关系成立之日起，养父母与养子女间的权利义务关系就适用法律关于父母子女关系的规定，养父母有抚养养子女的义务，养子女有赡养养父母的义务。当养子女不赡养养父母，养父母与成年养子女关系恶化、无法共同生活时，双方可以根据《民法典》第一千一百一十五条规定协议解除收养关系，不能达成协议的，也可以向人民法院提起诉讼，请求法院对解除收养关系，以及收养关系解除后的经济补偿、经济赔偿、财产分割等相关问题一并进行审理。

根据《民法典》第一千一百一十八条的规定，即使收养关系解除后，经养父母抚养的成年养子女，对缺乏劳动能力又缺乏生活来源的养父母，也应当给付生活费。因养子女成年后虐待、遗弃养父母而解除收养关系的，养父母可以要求养子女补偿收养期间支出的抚养费。

如果成年养子女不仅不赡养老人，而且对丧失劳动能力，无人照料的养父母不管不顾，这种行为属于遗弃老人，根据《治安管理处罚法》第四十五条的规定，养子女可能被处以五日以下拘留或者警告；情节恶劣，触犯《刑法》第二百六十一条，构成遗弃罪的，将会被处以五年以下有期徒刑、拘役或者管制。

## 5 “私生子”能否向未共同生活的生父主张抚养费?

法律上并没有“私生子”这一概念，仅规定了婚生子女与非婚生子女，人们通常所说的“私生子”是指非婚生子女。

根据《民法典》第一千零七十一条的规定，非婚生子女享有与婚生子女同等的权利，任何组织或者个人不得加以危害和歧视。故非婚生子女的父或母均负有抚养、教育非婚生子女的职责和义务，未能与非婚生子女共同生活的生父或生母，因客观情况不能直接履行照顾、抚养、教育等义务，应承担支付抚养、教育等费用。所以，未成年或不能独立生活的非婚生子女可以根据该条的规定，要求不直接抚养的生父或者生母支付生活费、教育费、医疗费以及子女健康成长所需要的抚养费用。

如果生父对亲子关系有异议，不愿承担抚养费用。根据《民法典》第一千零七十三条的规定，父或母均可向人民法院提起诉讼，请求确认或否认亲子关系，并以此作为是否应当支付抚养费用的依据。

值得注意的是，生父母有抚养非婚生子女的义务，同样的，非婚生子女成年后也有赡养生父母的义务，即便是生父或者生母没有抚养非婚生子女，也并不影响成年非婚生子女对年老体弱、生活无着的生父或者生母承担起赡养的责任和义务。

## 6 “入赘”男子，是否承担对生父母的赡养义务?

《民法典》第一千零五十条规定，登记结婚后，女方可以成为男方家庭成员，男方可以成为女方家庭成员。“入赘”是指婚后男方成为女方家庭成员，农村也称为“倒插门”。在部分农村地区，仍有男子“入赘”后改姓为女家姓氏，不再继承生父母财产，也不承担赡养生父母义务的习俗。但是入赘男子不赡养亲生父母是违反法律规定的。

《民法典》第一千一百一十一条规定，自收养关系成立之日起，养子女与生父母以及其他近亲属间的权利义务关系，因收养关系的成立而消除。除此之外，生父母与亲生子女之间因血缘形成的血亲关系是不能割裂的，成年子女对生父母的赡养义务不能免除。并且，“入赘”仅仅是双方对婚后生活地点、生活方式的一种约定，不能以登记结婚后，女方成为男方家庭成员而免除女儿对父母的赡养义务，同样也不能因男方成为女方家庭成员而免除儿子对父母的赡养义务。

我国的传统思想是养儿防老，至今仍有人认为赡养老人是儿子的责任，在这样的观念支配下，一些已经出嫁的女儿，往往忽视了对父母的赡养义务。但是，“入赘”男子对亲生父母的赡养义务，与出嫁女儿对亲生父母的赡养义务一样，是不得免除的法定义务，如因客观原因无法直接赡养老人，可以承担赡养费的方式履行赡养义务。否则，缺乏劳动能力或者生活困难的父母，可根据《民法典》第一千零六十七条的规定，要求成年子女给付赡养费用。

## 7 孙子女对无人赡养的祖父母、外祖父母是否有法定赡养义务?

祖父母、外祖父母与孙子女、外孙子女之间是隔代直系血亲，也是除了父母子女关系之外最亲近的直系血亲。根据《民法典》的规定，抚养教育子女的义务由父母承担，赡养父母的义务由子女承担，祖孙之间并不因此承担抚养或赡养义务。

但生活并不总是完美的，将父母去世或父母无力抚养的孙子女和外孙子女、子女去世或子女无力赡养的祖父母和外祖父母交给有抚养或赡养能力的隔代直系血亲照顾，这不仅是历史传统，也可以更好地保障未成人和老年人的基本生活。故《民法典》第一千零七十四条规定，有负担能力的祖父母、外祖父母，对于父母已经死亡或者父母无力抚养的未成年孙子女、外孙子女，有抚养的义务；有负担能力的孙子女、外孙子女，对于子女已经死亡或者子女无力赡养的祖父母、外祖父母，有赡养的义务。根据该条规定，祖父母、外祖父母抚养孙子女、外孙子女的要同时具备三个条件：（1）孙子女、外孙子女为未成年人；(2）孙子女、外孙子女的父母已经死亡或无力抚养；（3）祖父母、外祖父母有负担能力。孙子女、外孙子女赡养祖父母、外祖父母也要同时具备三个条件：（1）祖父母、外祖父母需要赡养；(2）祖父母、外祖父母的子女已经死亡或无力赡养；（3）孙子女、外孙子女有负担能力。

我国法律关于兄弟姐妹之间的扶养也有类似的规定，《民法典》第一千零七十五条规定，有负担能力的兄、姐，对于父母已经死亡或者父母无力抚养的未成年弟、妹，有扶养的义务。由兄、姐扶养长大的有负担能力的弟、妹，对于缺乏劳动能力又缺乏生活来源的兄、姐，有扶养的义务。据此，如果父母早逝，有负担能力的兄、姐就需要把未成年弟、妹扶养成人，等到兄、姐年老体弱，缺乏劳动能力，也无生活来源时，由其抚养长大的弟、妹也需要承担对兄、姐的扶养义务。

## 8 继子女对继父母是否应承担赡养义务?

继子女是指妻子与前夫所生的孩子，或者丈夫与前妻所生的孩子。比如，张三死亡时留下两个子女，张三妻子与李四再婚，张三的两个孩子与李四之间形成继父与继子女关系。或者，张三与妻子离婚时有两个孩子，后张三与其妻子分别再婚，他们的孩子分别与张三的再婚妻子形成继母与继子女关系，与张三前妻的再婚丈夫形成继父与继子女关系。但并非所有的继子女对继父母均应承担赡养义务，根据《民法典》第一千零七十二条的规定，继父母与继子女之间有无抚养教育关系，决定了继子女是否应对继父母承担赡养义务，同时也决定了双方之间是否享有继承遗产的权利。

继父母与继子女之间的关系可以分为三种情况：（1）父或母再婚时，继子女已成年并已独立生活；（2）父或母再婚时，继子女尚未成年或未独立生活，但未与继父或继母共同生活，也未接受继父或继母的抚养教育；（3）父或母再婚后，继父或继母对未成年的或未独立生活的继子女进行了抚养教育。根据《民法典》第一千零七十二条规定，继父或者继母和受其抚养教育的继子女间的权利义务关系，适用该法关于父母子女关系的规定。所以，在前两种情况中，因继父母未对继子女进行抚养教育，继子女对继父母也不承担赡养义务，只有在第三种情况下，继子女受到继父母的照顾、抚养、教育，双方之间形成了拟制血亲关系，继子女负有赡养继父母的义务。同时根据《民法典》第一千一百二十七条的规定，存在抚养关系的继父母与继子女间享有法定遗产继承权，并且互为第一顺序继承人。

需要注意的是，继子女对存在抚养关系的继父或继母需要承担赡养义务，但并不因此免除继子女对生父母应承担的赡养义务，也就是说继子女对生父母、继父母均应承担赡养义务，同时可以继承生父母、继父或继母的遗产。但是，如果继父或继母根据《民法典》第一千一百零三条的规定，经继子女生父或生母同意后，依法收养了未成年继子女，那么继子女与生父或生母之间的父母子女关系消灭，继子女对生父或生母没有法定的赡养义务，双方之间也不存在继承遗产的法定权利。

## 第三节　继　　承

### 1　去世前与家人共同购买的农用运输车去世后该如何继承？

在我国，遗产实行财产继承，《民法典》第一千一百二十二条对遗产的范围进行了规定，遗产是自然人死亡时遗留的个人合法财产。但依照法律规定或者根据其性质不得继承的遗产，不得继承。该条规定为判断遗产归属、进行遗产分配提供了基础。自然人所拥有的大部分财产在其去世后会被认定为遗产，这些财产通常包括自然人生前取得的收入；房屋、储蓄和生活用品；林木、牲畜和家禽；文物、图书资料；生产资料；著作权、专利权中的财产权利等合法财产。

《民法典》第一千一百五十三条规定，夫妻共同所有的财产，除有约定的外，遗产分割时，应当先将共同所有的财产的一半分出为配偶所有，其余的为被继承人的遗产。遗产在家庭共有财产之中的，遗产分割时，应当先分出他人的财产。比如，张三去世前与家人共同购买的农用运输车，属于家庭共有财产，该财产中既有属于张三的份额，也有属于其他家庭成员的份额。如果张三妻子未作为家庭成员参与分割共同出资的农用运输车辆，该车又是张三以夫妻双方共同财产出资，那么该车中张三享有的份额实为夫妻共同财产，有一半属于张三妻子的财产，另一半才属于张三的遗产发生继承。

《民法典》第一千一百五十六条规定，遗产分割应当有利于生产和生活需要，不损害遗产的效用。不宜分割的遗产，可以采取折价、适当补偿或者共有等方式处理。丈夫去世时遗留的农用运输车，显然无法直接进行分割，可以以共有的方式继续经营，也可以采取折价补偿的方式进行分割。假如，该车价值10 万元，张三出资了五分之一，折价 2 万元，该 2 万元又是张三以夫妻共同财产出资的，那么该 2 万元属于张三与妻子的夫妻共同财产，其中 1 万元为张三妻子所有，另 1 万元方为张三的遗产，根据《民法典》继承编的规定进行继承。

## 2　交通事故中的死亡赔偿金是否属于遗产，能否继承？

交通事故赔偿的死亡赔偿金不属于遗产，不适用《民法典》继承编规定的分配原则。

遗产是指公民死亡时遗留的个人合法财产。《民法典》第一千一百七十九条规定，侵害他人造成人身损害的，应当赔偿医疗费、护理费、交通费、营养费、住院伙食补助费等为治疗和康复支出的合理费用，以及因误工减少的收入。造成残疾的，还应当赔偿辅助器具费和残疾赔偿金；造成死亡的，还应当赔偿丧葬费和死亡赔偿金。可见死亡赔偿金虽源于被继承人的意外死亡，但死亡赔偿金产生的时间是被继承人死亡之后，是侵害方因侵权行为致受害人死亡以后，对死者近亲属的抚恤或赔偿。因此，死亡赔偿金不是死者的个人财产，不属于死者的遗产范围。

对于死亡赔偿金的分配问题，我国法律目前没有明确的规定。根据《最高人民法院关于审理人身损害赔偿案件适用法律若干问题的解释》第一条规定，因生命、身体、健康遭受侵害的，赔偿权利人是因侵权行为或者其他致害原因直接遭受人身损害的受害人以及死亡受害人的近亲属。根据《民法典》第一千零四十五条的规定，近亲属包括配偶、父母、子女、兄弟姐妹、祖父母、外祖父母、孙子女、外孙子女。但该司法解释的规定仅指近亲属可以作为赔偿权利人，有权向侵权责任人主张赔偿，并不代表死亡赔偿金应在近亲属间平均分配。

根据以往判例，大多法院都会参照继承财产的分割原则，并综合考虑各方具体情况，妥善分配死亡赔偿金。在第一顺序继承人存在的情况下，第二顺序继承人通常不参与分配。在金额的分配上也通常会考虑与死者关系的亲疏远近、与死者共同生活的紧密程度、对受害人经济依赖程度及其生活状况等因素适当分割，并适当照顾无劳动能力又无生活来源的成年人及未成年人的利益进行合理分配。

## 3　渔业捕捞许可证能否继承？

《民法典》第一千一百二十二条规定，遗产是自然人死亡时遗留的个人合法财产，可以依法继承，但该条同时规定，依照法律规定或者根据其性质不得继承的遗产，不得继承。渔业捕捞许可证属于自然资源利用权，并不属于个人的遗产。

自然资源利用权是指占有、使用除土地外的国有自然资源的权利，如采矿权、养殖权、捕捞权等。为保护自然资源的合理利用，这些权利的取得，需要使用人向行政机关申请，并经行政机关依法审查，只有符合条件的人才能取得自然资源利用权，且不能随意转让，也不能作为遗产继承。当取得自然资源利用权的自然人死亡后，遗产继承人只有通过重新申请并经主管部门批准后，才能取得自然资源利用权，这种取得基于申请人依法提起的申请，并非基于遗产继承。

渔业捕捞许可证为渔业主管部门所颁发，允许持证人在一定范围内从事渔业捕捞的许可证，持证人根据该许可证上载明的范围及方式从事渔业捕捞。在持证人死亡后，渔船作为遗产由其继承人继承，但渔业捕捞许可证并不能被继承，根据《渔业捕捞许可管理规定》第十八条，渔船因继承而发生所有权转移的，继承人应当申请办理渔业捕捞许可证。

## 4 经过公证的遗嘱是否比其他遗嘱的效力更高？

随着农民生活水平的提高，农民积累的财富也越来越多，通过遗嘱来决定死后遗产如何分配，也成为农民安排身后事的一种常见方式。为避免将来继承人因继承财产发生矛盾，一些人会选择对遗嘱进行公证，认为经过公证的遗嘱具有更高的法律效力，但是依照现有的法律，公证遗嘱的效力与其他遗嘱效力是相同的，并不具有高于其他遗嘱的法律地位。

《民法典》规定了六种遗嘱类型，分别是自书遗嘱、代书遗嘱、打印遗嘱、口头遗嘱、录音录像遗嘱和公证遗嘱。立遗嘱人可根据自身的情况自行决定采用何种方式订立遗嘱，只要符合法律规定，都能得到法律的保护，并非所有的遗嘱都需要经过公证。

（1）《民法典》第一千一百三十四条规定了自书遗嘱，自书遗嘱的全部内容由遗嘱人亲笔书写，亲笔签名，且签名应为遗嘱人的正式姓名，要同时注明年、月、日。基于遗嘱的严肃性，通常要避免对自书遗嘱的涂改或增删。

（2）《民法典》第一千一百三十五条规定了代书遗嘱，当遗嘱人不会写字、不能写字或没有书写的条件时，可以委托他人代为书写遗嘱，为了保证遗嘱内容是遗嘱人的真实意思表示，应当有两个以上见证人在场见证，由其中一人代书，并由遗嘱人、代书人和其他见证人签名，注明年、月、日。根据《民法典》第一千一百四十条的规定，无民事行为能力人、限制民事行为能力人以及其他不具有见证能力的人；继承人、受遗赠人；与继承人、受遗赠人有利害关系的人均不能作为遗嘱见证人。

（3）《民法典》第一千一百三十六条规定了打印遗嘱，随着电脑技术、打印技术的普及，越来越多的人选择将遗嘱以打印的方式呈现出来，但打印字体不同于手写体，无法确定是否为遗嘱人所为，为保证打印遗嘱的内容与遗嘱人的真实意愿一致，该条规定打印遗嘱应当有两个以上符合见证人条件的见证人在场见证，且遗嘱人和见证人应当在遗嘱的每一页上签名，并注明年、月、日。

（4）《民法典》第一千一百三十七条规定了录音录像遗嘱，以录音录像形式订立的遗嘱，应当有两个以上见证人在场见证。遗嘱人和见证人应当在录音录像中记录其姓名或者肖像，以及年、月、日。需要强调的是，遗嘱人和符合条件的见证人应在音像资料中记录自己的姓名或肖像，而非在保存音像的材料上写上自己的姓名和年、月、日。

（5）《民法典》第一千一百三十八条规定了口头遗嘱，遗嘱人在危急情况下，可以立口头遗嘱。口头遗嘱应当有两个以上符合条件的见证人在场见证。危急情况消除后，遗嘱人能够以书面或者录音录像形式立遗嘱的，所立的口头遗嘱无效。订立口头遗嘱实为紧急情况发生时的一种救急方法，只有在遗嘱人危急情况下才可订立，且在危急情况消除后，遗嘱人能够使用其他方式订立遗嘱时，口头遗嘱即归无效。

（6）《民法典》第一千一百三十九条规定了公证遗嘱。公证遗嘱由遗嘱人经公证机构办理。为保证遗嘱是遗嘱人的真实意思表示，公证遗嘱需由遗嘱人亲自到公证机关口述或书写遗嘱，公证人员要对遗嘱的真实性、合法性进行认真审查，在确认其有效性后，由公证员出具《遗嘱公证书》。

《民法典》施行前的法律规定，多份遗嘱同时存在且内容相抵触的，以公证遗嘱为准，公证遗嘱的效力高于以其他方式订立的遗嘱。但是《民法典》第一千一百四十二条规定，立有数份遗嘱，内容相抵触的，以最后的遗嘱为准。公证遗嘱不再具有比其他遗嘱更高的法律效力。需要特别说明的是，如果被继承人在《民法典》施行前死亡，即2021年1月1日前死亡的，首先应根据《最高人民法院关于适用〈中华人民共和国民法典〉时间效力的若干规定》来确定是适用《民法典》的规定，还是适用《继承法》及其司法解释的相关规定。

## 5 遗嘱订立后，如何变更遗嘱的内容？

订立遗嘱以后，因情况发生变化，或遗嘱人的想法发生变化，遗嘱人可以根据《民法典》第一千一百四十二条“遗嘱人可以撤回、变更自己所立的遗嘱；立遗嘱后，遗嘱人实施与遗嘱内容相反的民事法律行为的，视为对遗嘱相关内容的撤回”的规定，撤回或变更遗嘱。

撤回遗嘱是指遗嘱人废除了遗嘱的全部内容，该遗嘱的全部内容不再具有任何约定力，遗嘱人撤回遗嘱的原因在所不问。变更遗嘱是对原先所立遗嘱部分内容的进行修改，可以是增加遗嘱的内容，可以是删除遗嘱的部分内容，也可以是对遗嘱的部分内容进行变更。

不论是撤回或变更遗嘱均是对原有遗嘱作出的重大改变，所以撤回或变更遗嘱的行为应当符合《民法典》规定的遗嘱形式之一，也就是说撤回或变更遗嘱可以采用口头遗嘱、代书遗嘱、打印遗嘱、自书遗嘱、公证遗嘱等订立遗嘱的任意一种方式，但必须符合该种形式遗嘱订立时应当具备的条件。

比如，遗嘱人以代书遗嘱的方式撤回、变更原有遗嘱的，应当符合《民法典》第一千一百三十五条规定的方式，有两个以上符合条件的见证人在场见证，由其中一人代书，并由遗嘱人、代书人和其他见证人签名，注明年、月、日。遗嘱人以录音录像遗嘱的方式撤回、变更原有遗嘱的，应当符合《民法典》第一千一百三十七条规定的方式，有两个以上符合条件的见证人在场见证，遗嘱人和见证人应当在录音录像中记录其姓名或者肖像，以及年、月、日。当然，遗嘱人还可以采用直接销毁遗嘱的方式来撤回遗嘱。

此外，立遗嘱后，遗嘱人实施与遗嘱内容相反的民事法律行为的，视为对遗嘱相关内容的撤回。比如，遗嘱人立遗嘱在自己百年后房子由小儿子继承，订立遗嘱后，老人又将房子卖给他人，老人立遗嘱后出售房子的行为，视为对遗嘱相关内容的撤回。

## 6 丧偶儿媳对公婆是否应承担赡养义务，能否继承公婆的遗产？

丧偶儿媳对公婆没有法律上的赡养义务，但是我国法律鼓励丧偶儿媳孝敬、赡养公婆，并且对公婆承担了主要赡养义务的儿媳，可以成为继承公婆遗产的第一顺序继承人。

孝敬、赡养老人是中华民族的传统美德，也是每一位儿女应尽的法定义务，但是根据《民法典》第一千一百二十七条的规定，子女包括婚生子女、非婚生子女、养子女、有抚养关系的继子女，而不包括女婿和儿媳。《老年人权益保障法》第十四条规定，赡养人的配偶应当协助赡养人履行赡养义务。可见对父母履行赡养义务的仍是自己的子女，儿媳仅是协助丈夫履行赡养义务，并不属于赡养人的范畴，尤其在配偶去世后，夫妻双方的婚姻关系自动消灭，儿媳有改嫁他人的自由，儿媳协助履行赡养义务也就无从谈起。也就是说，目前我国法律没有儿媳对公婆负有赡养义务的法律规定。

但我国法律鼓励丧偶儿媳、丧偶女婿赡养公婆或岳父母。根据《民法典》第一千一百二十七条的规定，财产继承的第一顺序继承人是配偶、子女、父母；第二顺序继承人是兄弟姐妹、祖父母、外祖父母。儿媳、女婿并不在公婆或岳父母遗产继承人的范围之内。但在现实生活中，有很多儿媳或女婿与公婆或岳父母同住，与配偶一起孝敬老人，甚至在配偶去世多年后，儿媳、女婿仍然承担着赡养公婆或岳父母的义务。为鼓励这种良好的道德风尚，《民法典》第一千一百二十九条规定，丧偶儿媳对公婆，丧偶女婿对岳父母，尽了主要赡养义务的，作为第一顺序继承人。这里的“尽了主要赡养义务”包括在经济上为老人提供了扶助、供养，老人主要依靠其提供的经济条件生活；也包括为老人日常生活提供帮助，与其共同生活，照顾其生活起居，疾病护理等，但这些帮助必须是长期性的、经常性的，否则不能认定其尽到了主要赡养义务。同时，丧偶儿媳、丧偶女婿因尽了主要赡养义务而继承公婆或岳父母的遗产，并不影响其已故配偶依法享有的继承份额，且与丧偶儿媳和女婿是否再婚无关。

## 7 远嫁外地未履行赡养义务的女儿是否享有继承权？

男女平等的观念已经深入人心，但在农村地区，以种种理由剥夺出嫁女继承权的情形仍时有发生。首先明确一点，根据《民法典》第一千一百二十七条的规定，配偶、子女、父母同为第一顺序继承人，享有同等的继承权，不论长子、次子、还是出嫁女。

因远嫁外地未履行赡养义务的女儿能否享有继承权应当从以下几个方面分析。

首先，应当考虑女儿作为继承人是否存在丧失继承权的情形，《民法典》第一千一百二十五条规定，故意杀害被继承人；为争夺遗产而杀害其他继承人；遗弃被继承人，或者虐待被继承人情节严重；伪造、篡改、隐匿或者销毁遗嘱，情节严重；以欺诈、胁迫手段迫使或者妨碍被继承人设立、变更或者撤回遗嘱，情节严重的，丧失继承权。根据该条规定，对被继承人是否履行赡养义务并不属于丧失继承权的情形，不能因出嫁女未履行赡养义务剥夺其继承权。

其次，要考虑被继承人是否订立了遗赠扶养协议。如果出嫁女远嫁不能履行赡养义务，老人与继承人之外的个人或组织签订了遗赠扶养协议，该组织或者个人承担协议约定的生养死葬义务，根据《民法典》第一千一百五十八条的规定，该组织或个人享受受遗赠的权利。如果老人在遗赠扶养协议中处分了所有的财产，其子女将没有财产可以继承，如果遗赠扶养协议仅处分了部分财产，对协议未处分的部分，其继承人仍可以依法继承。

再次，考虑被继承人是否订立了遗嘱，该遗嘱是否有效。如果老人订立了遗嘱，且遗嘱有效，则应当按照遗嘱分割被继承的人遗产，倘若该遗嘱处分了所有财产，也未给女儿分配财产，则女儿没有遗产可以继承；如果该遗嘱仅处分了部分财产，或对遗嘱无效部分涉及的财产以及遗嘱未处分的财产，其女儿可以作为法定继承人依法继承。

最后，如果以上情形均不存在，被继承人的女儿作为法定继承人之一，对被继承人的财产依法享有继承权，但因其远嫁未能履行赡养义务，在分配遗产时，可以根据《民法典》第一千一百三十条的规定，让那些对被继承人尽了主要扶养义务或者与被继承人共同生活的继承人，适当分配较多的遗产。

## 8 子女是否应当清偿父母遗留的债务?

在农村许多淳朴的农民秉承“欠债还钱，天经地义”的理念，给子女留下替父还债的遗言，更多的子女谨遵遗命，努力践行“父债子还”的承诺。

根据我国法律的规定，子女对于父母生前所负的债务，原则上没有代为清偿的义务，但是存在以下几种情形，则会出现子女代父母清偿债务的情形。

（1）子女继承了父母的遗产，应在继承财产的范围内代为清偿债务。

遗产是被继承人财产权利与义务的统一体，不能只继承财产，不承继义务，《民法典》第一千一百五十九条规定，分割遗产，应当清偿被继承人依法应当缴纳的税款和债务。这里的被继承人依法应当缴纳的税款和债务，仅指被继承人个人依法应当缴纳的税款和债务，并不包括以被继承人名义为家庭生活所负的债务，家庭债务应以家庭共有财产清偿，其中属于被继承人应当承担的份额，则以被继承人的遗产清偿。为体现权利与义务的统一，因继承财产所享有的权利也应当与因继承财产而承担的义务相一致，《民法典》第一千一百六十一条规定，继承人以所得遗产实际价值为限清偿被继承人依法应当缴纳的税款和债务；继承人放弃继承的，对被继承人依法应当缴纳的税款和债务可以不负清偿责任。

（2）子女自愿清偿父母债务，并与债权人达成协议的，应当按照协议约定履行还款义务。

根据《民法典》第一千一百六十一条规定，对于被继承人超过遗产实际价值部分的债务以及放弃继承的继承人，没有代被继承人清偿债务的义务。继承人自愿偿还的，属继承人的个人行为，法律对此不作限制，债权人也不能以此作为要求继承人承担被继承人债务的理由。但是如果继承人与债权人协商，达成了替父还债的协议，则在债权人与继承人之间达成了替父还债的协议，继承人应当根据双方之间达成的协议履行清偿义务。比如，张三的父亲去世后，张三未继承其父的遗产，根据《民法典》第一千一百六十一条的规定，张三不必清偿其父所欠的税款和债务，但是张三与其父的债权人李四达成了协议，同意替父还债，在张三与李四之间即形成了新的债权债务关系，张三应当根据其与李四之间达成的协议，履行还款义务。

（3）子女承担父母债务的两种特殊情形。

生活中需要注意以下两种特殊情况，均不属于遗产债务，继承人应对被继承人所负的债务承担责任，并且与是否继承遗产以及继承遗产的数额无关。

一是，继承人不履行赡养义务，致使被继承人迫于生计而欠下的债务，该债务本质上属于继承人应当承担的责任，应由继承人承担清偿责任。比如，张三不赡养老人，老人迫于无奈在外借钱看病形成的欠款，张三负有偿还的义务，与其是否继承遗产、继承遗产的数额无关。二是，死者生前为有劳动能力的继承人的需要欠下的债务，该继承人负有清偿义务。例如，有劳动能力的张三因自己做生意需要资金，让父亲为其借款形成的债务，该债务虽是以张三父亲的名义形成的借款，实为张三所负债务，应由张三清偿，与张三是否继承遗产，以及继承遗产的数额无关。

## 9 遗赠扶养协议履行期间发生矛盾，能否解除?

在农村地区，因多种原因，子女无法膝前行孝的孤寡老人日益增多，多数孤寡老人又不愿离开生活多年的老房子到养老院居住，选择与同村居住的远亲近邻签订遗赠扶养协议的方式解决自己生养死葬的问题，但在协议履行期间发生纠纷的现象也较为常见。

根据《民法典》第一千一百五十八条的规定，自然人可以与继承人以外的组织或者个人签订遗赠扶养协议，由该组织或者个人承担其生养死葬的义务，并享有受遗赠的权利。据此，孤寡老人自愿与同村的远亲、近邻签订遗赠扶养协议，约定由远亲、近邻承担孤寡老人生前的生活照顾、物质帮助以及去世后的丧葬事宜，并在其去世后，将遗赠扶养协议中约定的财产归远亲、近邻所有。该约定符合《民法典》第一千一百五十八条的规定，应为有效协议，双方均应按照《民法典》第五百零九条的规定，全面履行协议约定的义务。

如果双方在履行协议中时出现纠纷，遗赠扶养协议无法继续履行，首先应当由双方协商解决，如果协商不成可根据以下原则进行处理。

（1）扶养人无正当理由不履行扶养义务，或者履行义务不符合约定，被扶养人有权解除合同，扶养人不再享有接受遗赠的权利，其支付的供养费用一般也不再补偿。但是，如果扶养人因客观原因无法履行扶养义务，如扶养人因疾病或意外丧失劳动能力，此时扶养人本人并无过错，虽然被扶养人仍可以解除合同，扶养人不再享有接受遗赠的权利，但对其支付的供养费用应当给予适当补偿。

（2）由于遗赠人无正当理由不履行协议，如遗赠扶养协议履行期间，被扶养人将协议约定的财产毁损、转让、赠送给他人，致使遗赠扶养协议无法履行，扶养人同样可以解除协议，此时被扶养人还应当偿还扶养人已经支付的供养费用。

多数情况下，双方发生纠纷并非单方过错，此时应根据双方的过错程度，确定遗赠扶养协议能否解除，以及双方各自应承担的责任。为减少在遗赠扶养协议履行期间发生纠纷，应尽可能在协议中明确双方的权利与义务，以及一方违约后应承担的责任，切实保障遗赠扶养协议的实施履行。

# 第三章

# 农村常见侵权问题

## 1 因侵权行为造成农民人身损伤的，赔偿项目有哪些？

我国《民法典》规定自然人的生命权、身体权、健康权受法律保护，任何组织和个人不得侵害。因侵害他人造成人身损害的，应当对受害人进行赔偿。根据《民法典》第一千一百七十九条的规定，人身损害的赔偿项目主要有医疗费、护理费、交通费、营养费等为治疗和康复支出的合理费用，以及因误工减少的收入；造成残疾的，还应当赔偿辅助器具费和残疾赔偿金；造成死亡的，还应当赔偿丧葬费和死亡赔偿金。

《最高人民法院关于审理人身损害赔偿案件适用法律若干问题的解释》对赔偿项目进行了详细的解释。其中因侵权造成他人伤害，经司法鉴定构成伤残的，应当赔偿残疾赔偿金、残疾辅助器具费、被扶养人生活费，以及因康复护理、继续治疗实际发生的必要的康复费、护理费、后续治疗费。根据该解释第十二条的规定，残疾赔偿金根据受害人丧失劳动能力程度或者伤残等级，按照受诉法院所在地上一年度城镇居民人均可支配收入或者农村居民人均纯收入标准，自定残之日起按二十年计算。但六十周岁以上的，年龄每增加一岁减少一年；七十五周岁以上的，按五年计算。

例如，2019 年某省农民青年张三因交通事故受伤，经鉴定构成十级伤残，其向法院提起诉讼。该省 2019 年城镇居民人均可支配收入 42329 元，农村居民人均纯收入 17775 元。如果对方承担全部责任，农民张三的残疾赔偿金为，该省农村居民人均纯收入 17775 元乘以 20 年，再乘以十级伤残对应的劳动能力丧失程度的 10%，计 35550 元。如果张三为该省城镇居民，则张三的残疾赔偿金为城镇居民人均可支配收入 42329 元乘以 20 年，再乘以 10%，为 84658 元。因作为计算基数的城镇居民人均可支配收入与农村居民人均纯收入存在较大差别，致使农民与城镇居民的残疾赔偿金、死亡赔偿金产生较大差距，因此引发同命不同价，同命不同判的争论。2019 年 4 月，中共中央、国务院发布《关于建立健全城乡融合发展体制机制和政策体系的意见》，明确提出改革人身损害赔偿制度，统一城乡居民赔偿标准。2019 年 9 月，最高人民法院下发《关于授权开展人身损害赔偿标准城乡统一试点的通知》，授权相关省市开展人身损害赔偿标准采取统一的试点工作。在试点地区，农村居民与城镇居民遭受人身损害的残疾赔偿金额、死亡赔偿金按照同一标准计算。同时，《民法典》第一千一百八十条规定，因同一侵权行为造成多人死亡的，可以以相同数额确定死亡赔偿金。

另需说明，前述案例设定肇事方承担全部责任，在肇事方非承担全部责任的情况下，还应当结合交通事故责任划分情况、肇事车辆保险交纳情况等计算赔偿数额。

## 2　农民被机动车撞伤，对方应当如何赔偿?

虽然我国一再加强道路交通安全管理，但因交通事故造成人身损害的现象仍然很多，对于交通事故的赔偿应主要考虑以下几个方面。

（1）根据赔偿项目、赔偿范围确定损失总额。在医疗终结后，首先应根据自身情况确定是否进行伤残等级评定，以明确是否构成伤残，构成几级伤残。不构成伤残则赔偿项目通常包括医疗费、护理费、交通费、营养费、住院伙食补助费等为治疗和康复支出的合理费用，以及因误工减少的收入。构成伤残的，还应根据伤残等级确定残疾赔偿金及被扶养人生活费。同时，结合《最高人民法院关于审理人身损害赔偿案件适用法律若干问题的解释》的具体规定，确定赔偿总额。如果在该次事故中同时遭受财产损失的，也应一并计算在内。

（2）以交通事故认定书或其他证据确定各自应承担的责任。《民法典》第一千一百六十五条规定，行为人因过错侵害他人民事权益造成损害的，应当承担侵权责任。第一千一百七十三条规定，被侵权人对同一损害的发生或者扩大有过错的，可以减轻侵权人的责任。而道路交通事故认定书，即公安机关交通管理部门根据事故现场勘验、检查、调查情况和有关的检验、鉴定结论，对交通事故中各方应承担的责任依法作出的结论。该交通事故认定书既是肇事方是否承担责任，承担何种责任的证据，也是双方确定赔偿款项如何承担的主要依据。当然如果一方对道路交通事故认定书不服，根据《道路交通事故处理程序规定》第七十一条的规定，应在收到认定书之日起三日内申请复核；也可以在交通事故赔偿诉讼中对该认定书进行反驳、提供证据、找出理由等，尽力推翻该责任认定书。

（3）交通事故损害赔偿款通常按以下顺序支付。根据《民法典》第一千二百一十三条的规定，机动车发生交通事故造成损害，属于该机动车一方责任的，先由承保机动车强制保险的保险人在强制保险责任限额范围内予以赔偿；不足部分，由承保机动车商业保险的保险人按照保险合同的约定予以赔偿；仍然不足或者没有投保机动车商业保险的，由侵权人赔偿。

例如，张三因交通事故受伤，经计算医药费用为 5 万元，人身损害的误工费、护理费、残疾赔偿金等计 30 万元，财产损失的赔偿为 1 万元，共计 36 万元。如果该机动车强制保险合同确定的死亡伤残赔偿限额为 18 万元；医疗费用赔偿限额为

18000 元；财产损失赔偿限额为 2000 元；则张三的赔偿应先由机动车强制保险在限额内承担，包括医药费用限额 18000 元；伤残赔偿限额 18 万元；财产损失限额 2000 元，即机动车强制保险先承担的费用共计 20 万元，张三尚有 16 万元未得到赔偿。

如果肇事的机动车购买了商业保险，对于该 16 万元，应根据该商业保险合同的约定进行赔偿。如该机动车未购买商业保险，或商业保险仍不足以支付的部分，由张三与肇事方根据交通事故认定书确定的责任，以及《道路交通安全法》的规定进行赔偿。

## 3　发生交通事故致人死亡，能否要求对方赔偿精神损害赔偿?

发生交通事故致人死亡，其赔偿项目主要包括以下内容：

（1）丧葬费、死亡赔偿金以及其他损失。

《民法典》第一千一百七十九条规定，造成死亡的，还应当赔偿丧葬费和死亡赔偿金。根据《最高人民法院关于审理人身损害赔偿案件适用法律若干问题的解释》的规定，丧葬费按照受诉法院所在地上一年度职工月平均工资标准，以六个月总额计算。死亡赔偿金按照受诉法院所在地上一年度城镇居民人均可支配收入或者农村居民人均纯收入标准，按二十年计算。但六十周岁以上的，年龄每增加一岁减少一年；七十五周岁以上的，按五年计算。另受害人抢救治疗期间支出的医疗费、抢救费用，以及因此产生的护理费、交通费、营养费、住院伙食补助费用，甚至被扶养人因此遭受的损失，均可以要求肇事方依法进行赔偿。

（2）精神损害赔偿。

《民法典》第一千一百八十三条第一款规定，“侵害自然人人身权益造成严重精神损害的，被侵权人有权请求精神损害赔偿”。《最高人民法院关于确定民事侵权精神损害赔偿责任若干问题的解释》第一条规定：“因人身权益或者具有人身意义的特定物受到侵害，自然人或者其近亲属向人民法院提起诉讼请求精神损害赔偿的，人民法院应当依法予以受理。”根据《民法典》的规定，自然人人身权益包括身体权，健康权、生命权，姓名权、肖像权、名誉权、荣誉权等。因侵权致人死亡，侵害了自然人的生命权，其近亲属可以据此提起精神损害赔偿。但是，根据《民法典》的规定，只有造成严重精神损害的，被侵权人方可要求精神损害赔偿请求，造成一般精神损害的，被侵权人不能要求精神损害赔偿。因交通事故致人死亡，应当属于给近亲属造成了严重精神损害的情形，可以要求肇事方进行赔偿。

根据《最高人民法院关于确定民事侵权精神损害赔偿责任

若干问题的解释》第五条的规定，确定精神损害赔偿的具体数额通常会考虑以下因素：①侵权人的过错程度，法律另有规定的除外；②侵权行为的目的、方式、场合等具体情节；③侵权行为所造成的后果；④侵权人的获利情况；⑤侵权人承担责任的经济能力；⑥受理诉讼法院所在地平均生活水平等。

## 4　拖拉机在田间地头撞伤他人，能否按照交通事故进行赔偿?

拖拉机在田间地头撞伤他人，不属于交通事故，但可以参照交通事故处理的相关规定进行赔偿。

交通事故是指车辆在道路上因过错或者意外造成人身伤亡或者财产损失的事件，也就是说，车辆只有在道路上才有可能构成交通事故。《道路交通安全法》规定的“道路”是指公路、城市道路，以及虽在单位管辖范围但允许社会机动车通行的地方，包括广场、公共停车场等用于公众通行的场所。“田间地头”的意思是农田之间，田地两头，是从事农业劳动的场所，不具有通行的能力，并不符合“道路”的公共性，所以，田间地头不属于“道路”的范畴，拖拉机在田间小道撞伤他人自然也就不属于交通事故，不能按交通事故的相关规定处理。

虽然该行为不属于道路交通事故，但根据《道路交通安全法实施条例》第九十七条，车辆在道路以外发生交通事故，公安机关交通管理部门接到报案的，参照《道路交通安全法》和该条例的规定处理。故受害人完全可以参照《道路交通安全法》的相关规定，要求侵害者赔偿医疗费、交通费、营养费、住院伙食费等为治疗和康复支出的合理费用以及因误工减少的收入，若造成残疾的，还可以要求侵害者赔偿辅助器具费和残疾赔偿金、精神损害抚慰金等费用。

## 5　农民自建房屋，施工人员在施工时受伤，房主是否承担赔偿责任？

随着农民生活水平的提高，农民对住宅的建设也有了新的要求。但农村建房往往要求不严，安全保障不到位，因而发生安全事故致人受伤的情况也时有发生，房主是否承担责任应根据不同情况进行分析。

（1）房主将房屋建设发包给具有施工资质的建设单位，施工中发生安全事故，房主不承担责任。

《建筑法》第八十三条规定，农民自建低层住宅的建筑活动，不适用本法。根据《建设部关于加强村镇建设工程质量安全管理的若干意见》，农民自建低层住宅的建筑活动是指农民自建两层（含两层）以下住宅，县级建设行政主管部门应当为农民提供技术服务和指导。因此，农民建设低层住宅之外的房屋，需要根据《建筑法》的相关规定，将房屋交由具有施工资质的单位进行施工，此时，房主作为发包人应与施工单位签订建设工程施工合同，并由施工单位严格按照《建筑法》及相关规定进行建设施工，在施工中发生安全事故致施工人员受伤的，应由建设单位作为用工主体对受伤人员承担责任，房主作为发包人则不需要对受伤人员承担赔偿责任。

（2）房主将自己的房屋发包给没有资质的包工队进行建设，施工中发生安全事故，房主是否承担责任根据其是否存在过错确定。

农村最常见的住宅建设方式，是房主将自己的房屋发包给没有资质的包工队进行建设，不论是该种承包是包工包料，还是包工不包料，双方之间均属于承揽关系，包工队作为承揽人根据房主的要求建设房屋并将建好的房屋交给房主，房主作为定作人向包工队支付报酬。如果包工队的施工人员在施工中因安全事故而受伤，根据《民法典》第一千一百九十三条“承揽人在完成工作过程中造成第三人损害或自己损害的，定作人不承担侵权责任。但是，定作人对定作、指示或者选任有过错的，应当承担相应的责任”的规定，房主没有过错则不承担责任。但如果房主提供的图纸不合格，或要求施工人员违规操作，或者应当选择有资质的建设单位而没有选择，或存在其他定作、指示或者选任过错的，应对施工人员所受的伤害给予相应的赔偿。

（3）房主直接雇用人员建造房屋，雇员在施工中受伤，应根据各自的过错承担责任。

《民法典》第一千一百九十二条第一款规定，“……提供劳务一方因劳务受到损害的，根据双方各自的过错承担相应的责任”，房主雇用人员为房屋建设提供劳务，这些提供劳务的人员在建房期间受伤，应根据各自的过错承担责任，如果房主不存在过错，则不应承担赔偿责任。但如果房主建设的房屋不是低层建筑，原则上不允许房主直接雇用人员进行建设，否则，应当认定房主存在过错。

如果施工人员在施工期间所受的伤害是由于第三人的行为造成的，根据《民法典》第一千一百九十二条第二款“提供劳务期间，因第三人的行为造成提供劳务一方损害的，提供劳务一方有权请求第三人承担侵权责任，也有权请求接受劳务一方给予补偿。接受劳务一方补偿后，可以向第三人追偿”的规定，受伤的施工人员可以要求接受劳务的房主进行补偿，房主在承担补偿责任后，可以向造成施工人员伤害的第三人追偿。例如，张三在给房主建房时，因李四撞落脚手架而摔伤，此时，张三可以直接要求李四赔偿，还可以要求房主补偿，房主在补偿后可以向应承担责任的李四追偿。

## 6　村里的狗将孩子咬伤，应当由谁承担责任？

农村家庭养狗以散养居多，数条狗在村里奔跑打闹是农村的常见现象，如果这些狗将孩子咬伤，承担责任的方式大致分为以下几种：

（1）狗的饲养人或管理人承担赔偿责任。

《民法典》第一千二百四十五条规定，饲养的动物造成他人损害的，动物饲养人或者管理人应当承担侵权责任。但是，能够证明损害是因被侵权人故意或者重大过失造成的，可以不承担或者减轻责任。根据该条规定，村里的狗将孩子咬伤，应当由狗的饲养人或管理人进行赔偿。当然如果孩子们调皮捣蛋，故意将狗激怒或对狗进行伤害，因此被狗咬伤，可以认定被侵害人一方存在故意或重大过错，应当减轻或者免除饲养人或管理人的赔偿责任。如果被咬伤的孩子仅是一般的过错，比如因为喜欢对狗进行抚摸，或不小心触碰到狗，则不能认定孩子存在故意或重大过失，不能减轻或免除饲养人或管理人应承担的责任。另外，根据该条规定，被侵权人是否存在故意或重大过失由饲养人或者管理人承担举证责任。

（2）因第三人的过错致使动物伤人的，由第三人承担赔偿责任。

《民法典》第一千二百五十条规定，因第三人的过错致使动物造成他人损害的，被侵权人可以向动物饲养人或者管理人请求赔偿，也可以向第三人请求赔偿。动物饲养人或者管理人赔偿后，有权向第三人追偿。如果他人对狗进行追打伤害或实施其他行为，致使狗将孩子咬伤，根据该条规定，孩子及其家长既可以要求动物饲养人或者管理人进行赔偿，还可以要求对狗进行追打伤害的人承担赔偿责任。

（3）禁止饲养的烈性犬造成他人损害的，由动物饲养人或者管理人承担责任。

禁止饲养的烈性犬等危险动物造成他人损害的，根据《民法典》第一千二百四十七条的规定，由动物饲养人或者管理人承担侵权责任。根据不同地方的规定，禁止饲养的烈性犬也有所不同，但烈性犬作为极易造成人身伤害、具有特别危险的动物，违反规定进行饲养本身就是一种违法、违规行为，当这些危险动物将孩子咬伤，理应由饲养人或者管理人承担责任。

（4）狗在被遗弃或逃逸期间造成他人损害的，由原饲养人或者管理人承担侵权责任。

遗弃、逃逸的动物在遗弃、逃逸期间造成他人损害的，根据《民法典》第一千二百四十九条的规定，由动物原饲养人或者管理人承担侵权责任。原主人将狗遗弃，虽然放弃了对狗的管领权利，但基于动物本身存在的危险性，该遗弃行为属于不当管束行为，如果被遗弃的狗将孩子咬伤仍由原主人承担赔偿责任。如果孩子被逃逸的狗咬伤，因原主人并未放弃对狗的管领权利，该狗仍属原主人所有，同样应由其原主人承担责任。

需要强调的是，饲养动物应当遵守法律法规，对其采取必要的安全措施，避免动物伤人；日常管理中要尊重社会公德，不妨碍他人生活，也不能随便遗弃。

## 7　假冒伪劣电器引发火灾，农民的损失应由谁承担？

许多假冒伪劣商品流向监管薄弱的农村市场，大到“山寨”版的家用电器，小到“三无”点心、零食。有些商品，不仅质量不能保证，甚至连基本的安全保障都做不到，假冒伪劣电器发热、漏电、短路，甚至引发火灾、爆炸；而“三无”食品，食品安全不达标，引发腹泻，中毒，严重危害农民的身体健康和生命财产安全。

《民法典》第一千二百零二条规定，因产品存在缺陷造成他人损害的，生产者应当承担侵权责任。根据《产品质量法》第四十六条的规定，缺陷是指产品存在危及人身、他人财产安全的不合理的危险；产品有保障人体健康和人身、财产安全的国家标准、行业标准的，是指不符合该标准。农民购买家电，正常使用时发生漏电、自燃、爆炸等危及人身、他人财产安全的不合理的危险，或这些家电不符合保障人体健康和人身、财产安全的国家标准，均属于产品存在缺陷的情形。

农民因使用这些缺陷产品发生危险，造成人身财产损失的，侵害人应对农民遭受的损失进行赔偿。根据《产品质量法》第四十四条的规定，赔偿范围包括：（1）造成人身伤害的，侵害人应当赔偿医疗费、治疗期间的护理费、因误工减少的收入等费用；造成残疾的，还应当支付残疾者生活自助具费、生活补助费、残疾赔偿金以及由其扶养的人所必需的生活费等费用；造成受害人死亡的，并应当支付丧葬费、死亡赔偿金以及由死者生前扶养的人所必需的生活费等费用。（2）造成财产损失的，侵害人应当恢复原状或者折价赔偿。（3）受害人因此遭受其他重大损失的，侵害人也应当赔偿。因产品缺陷造成的损失，受害人既可以向产品的生产者要求赔偿，也可以向产品的销售者要求赔偿。

此外，《民法典》第一千二百零七条规定，经营者明知产品存在缺陷仍然生产、销售，或者产品投入流通后发现存在缺陷，未及时采取停止销售、警示、召回等补救措施或补救措施不力，致使损害扩大，因此造成他人死亡或者健康严重损害的，受害人有权要求侵权人承担惩罚性赔偿。该条款不仅有利于受害人权利的保护，也可以促使缺陷产品的生产、经营者积极采取有效措施，防止损失扩大。

## 8 邻居家的树被大风刮断，砸坏自家的房顶，能否要求邻居赔偿？

房前屋后，种花栽树，是美丽乡村的理想居住环境，但林木的所有人、管理人应对自己的林木进行管理，如因疏于管理给他人造成损害，是要承担赔偿责任的。

《民法典》第一千二百五十七条规定，因林木折断、倾倒或者果实坠落等造成他人损害的，林木的所有人或者管理人不能证明自己没有过错的，应当承担侵权责任。虽然损害结果的发生，并非林木所有人或管理人的主观意愿，更非其故意实施的侵权行为，但该结果的发生往往与林木的所有人或管理人未履行应尽的管理义务存在必然的联系，属于不作为的侵权行为。

根据该条规定，邻居家的树被大风刮断，砸坏自家的房顶，要求邻居承担赔偿责任应具备以下三个条件：（1）明确树木的所有人或管理人是邻居；（2）该树木折断砸坏了自家的房顶；（3）邻居不能证明自己没有过错。具备该三个条件的，邻居应当对树木砸坏的屋顶承担赔偿责任。当然邻居想要免除自己的责任，则应证明自己对树木尽到了合理的管护义务，且该管护义务足以达到确保公众安全的程度。比如，大风将树刮断完全是由于自然灾害或不可抗力造成的，邻居没有任何过错。如果大风将树刮断，是由于邻居未能及时对树木进行病虫害治理、剪除枯枝，未能及时对存在安全隐患的树木进行加固或砍伐，因而将房顶砸坏，则邻居作为树木的所有人或管理人存在疏于管理的过错，其应承担的赔偿责任不能免除。

赔偿的数额，根据《民法典》第一千一百八十四条、第一千一百八十七条的规定，财产损失按照损失发生时的市场价格或者其他合理方式计算。赔偿款的支付方式，由当事人协商赔偿确定，协商不一致的，应当一次性支付；一次性支付确有困难的，可以分期支付，但是被侵权人有权请求侵权人提供相应的担保。

## 9 在农村道路上晾晒粮食致人摔伤，应由谁承担赔偿责任？

农忙时节，在农村公路上晾晒粮食，不仅妨碍公共道路的通行，而且时常发生路人因此摔伤住院的情形，受害人的医药费用及其他相关损失应由谁承担，应根据《民法典》第一千二百五十六条的规定确认责任人：“在公共道路上堆放、倾倒、遗撒妨碍通行的物品造成他人损害的，由行为人承担侵权责任。公共道路管理人不能证明已经尽到清理、防护、警示等义务的，应当承担相应的责任。”

首先，晾晒粮食的行为人要承担赔偿责任。道路的核心作用在于公众通行，《道路交通安全法》第三十一条规定，未经许可，任何单位和个人不得占用道路从事非交通活动。农民在道路上晾晒粮食，显然属于违法占用道路的违法行为，因该违法行为致路人摔伤，其应对受害人的损失进行赔偿。当然晾晒粮食的农民承担责任的前提是自己的晾晒行为与路人摔伤的结果之间存在因果关系，如果没有因果关系，即便出现路人摔伤的结果，也不应当承担责任。如张三在路上晾晒粮食，李四在旁边经过时因车辆出现故障而摔伤，晾晒粮食的行为与李四受伤之间没有因果关系，张三不应承担赔偿责任。但如果李四的车辆出现故障是由于张三晾晒的粮食造成的，李四因此而摔伤，则张三应承担赔偿责任。

其次，公路的管理人未尽到管理责任时，应承担相应赔偿责任。

按照《公路法》第六条的规定，我国公路分为国道、省道、县道和乡道。2019 年 9 月 5 日，根据《国务院办公厅关于深化农村公路管理养护体制改革的意见》的规定，农村公路实行“‘县道县管、乡村道路乡村管’的管理养护制度……乡级人民政府要确定专职工作人员，指导村民委员会组织好村道管理养护工作。村民委员会要按照‘农民自愿、民主决策’的原则，采取一事一议、以工代赈等办法组织村道的管理养护工作”。该规定进一步明确了村道由村民委员会管理养护。

根据《民法典》第一千二百五十六条规定，公共道路管理人对自己管理养护的道路应尽清理、防护、警示义务，并应当提供证据加以证明，否则公共道路的管理人应承担相应的责任。也就是说，如果农民在村道上晾晒粮食，造成路人摔伤的，不仅晾晒粮食的行为人要承担赔偿责任，对村道负有管理义务的村民委员会，也应当证明自己对发生事故的村道尽到了清理、防护、警示义务，否则村民委员会也应承担相应的赔偿责任。

在公路上晾晒粮食，既是违法行为，也是危险行为。村民委员会不仅要对辖区村民进行安全教育，设置警示标志，还要及时清理村民在村道上晾晒的粮食、堆放的物品。否则，一旦出现危害结果，不仅晾晒粮食的农民要承担责任，未对村道尽到清理、防护、警示的管理人——村民委员会也要承担责任。

# 第四章

## 农村常见合同问题

## 1　签订农产品销售合同，应包括哪些主要内容?

如何签订一份规范的合同，并尽可能维护农民的合法权利，是大多数农民比较关心的问题。当然合同的具体内容是由签订合同的各方协商确定的，但根据《民法典》第四百七十条的规定，合同的内容主要包括以下几个方面。

（1）当事人的姓名或者名称和住所。如果签订合同的一方是个人的话，合同上书写的名字要与身份证上的名字保持一致；是单位的话，要与营业执照或其他证照上的名称保持一致，并注意在合同上加盖公章，同时要写清楚各方的住所。

（2）标的。标的是合同当事人权利和义务共同指向的对象，简单地说，合同标的就是合同中各方交易的物或服务。在农产品销售合同中，合同的标的就是农产品，比如在销售苹果的合同中，合同标的就是苹果。签订合同时一定要注意将标的物描述清楚，比如出售的是什么品种、达到什么标准的苹果。

（3）数量。合同约定的数量要准确，并尽量使用公斤、吨等通用的计量单位，避免使用一箱、两车等容易发生争议的计量单位。有些合同还需要约定明确具体的计量方法和计量工具，以免发生争议。

（4）质量。合同约定的产品质量应当清楚、准确、细致，双方对农产品的质量有特殊要求的，一定要在合同中写清楚，没有特殊要求，且已有国家标准、行业标准的，也可以在合同中约定产品质量按国家标准或行业标准执行。特别说明一点，如果国家对产品质量有强制性标准的，则必须执行强制性标准，违反强制性标准的约定会被认定为无效。另外，双方还可以在合同中约定质量检验的方法、对质量提出异议的条件与期限等相关问题。

（5）价款或者报酬。双方可以在合同中直接约定合同总价，也可以约定产品单价，还可以在合同中约定价款或报酬的计算方法，但不论采用何种形式，均要约定得清清楚楚，明明白白，不能产生歧义。

（6）履行期限、地点和方式。履行期限是指合同中约定的履行义务的时间界限，双方在约定履行期限时不仅要明确具体，还要符合客观实际，如不能按期履约，则可能承担违约责任。在农产品销售合同中，地点通常是指交货地点，涉及运输费用承担以及运输期间货物风险由哪一方承担的问题。履行的方式要根据合同的具体内容作出相应客观、具体、明确的约定，尤其对不易保存的农产品，履行方式的选择尤为重要。

（7）违约责任。双方可以在合同中约定，当一方或双方未按合同约定履行义务时，应当如何向对方承担违约责任。

（8）解决争议的方法。双方可以在合同中约定，如果因签订或履行合同发生纠纷时解决争议的机构及方法。

《民法典》第四百七十条规定的合同应当具备的八项主要内容中，当事人的姓名、标的、数量是合同必须具备的条款，其余条款由签订合同的各方根据双方协商的具体情况来确定是否进行约定。即便如此，仍建议各方在签订农产品合同时，尽量详细、完备地对合同内容进行约定，尽可能避免日后发生纠纷。

## 2　购买农机设备时，商家提供的格式合同是否有效？

日常生活中，商家为了便利，通常会提前拟好合同，张三来了填上张三的名字，李四来了填上李四的名字，这种事先拟好的、可供反复使用的、未经协商的合同，即属于格式合同。比如，银行提供的贷款合同、保险公司提供的保险合同。格式合同并不因其为格式合同而无效，其效力仍取决于合同是否存在无效的情形，只是为了维护公平合理的原则，法律对提供格式合同的一方规定了较为严格的责任。

（1）提供格式合同一方应承担的责任。

《民法典》第四百九十六条规定了提供格式合同一方应承担

的责任：①应当遵循公平原则确定当事人之间的权利和义务。②采取合理的方式提示对方注意免除或者减轻其责任等与对方有重大利害关系的条款。③按照对方的要求，对该条款予以说明。该条同时规定，提供格式条款的一方未履行提示或者说明义务，致使对方没有注意或者理解与其有重大利害关系的条款的，对方可以主张该条款不成为合同的内容。需要注意的是，这里规定的是不成为合同内容而非无效，提供格式条款的一方对免除或者减轻自己责任与对方有重大利害关系的条款，应向对方充分提醒或者进行说明，但如果其因未履行该义务，致使另一方不理解、不了解该条款内容，该条款不属于双方共同协商形成的合同内容，不应当成为合同约定条款。

（2）格式合同或格式条款无效的规定。

《民法典》第四百九十七条规定了格式条款无效的情形主要包括以下三个方面：

①民事法律行为无效的一般规定适用于格式合同。该种情形主要包括：签订合同的人无民事行为能力、意思表示不真实，签订的合同无效；违背法律、法规的强制性规定，以及违背公序良俗的合同无效。合同中关于造成对方人身损害，或因故意或重大过失造成对方财产损失，一方不承担责任的免责条款无效。

②提供格式条款一方不合理地免除或者减轻自己的责任、

加重对方责任、限制对方主要权利的条款无效。

③提供格式条款一方排除对方主要权利的条款无效。

提供格式合同的一方，往往有足够的时间和经验制定对自己有利的合同条款，但合同的签订应当遵循的公平、合理，以及诚信的基本原则，在前述第二项、第三项情形中，提供格式合同的一方显然利用了自己的优势地位，制作了违背公平、合理，诚信基本原则的合同条款，即便其履行了提示或说明义务，该格式条款也是无效的。

（3）对格式条款理解不同应如何处理的规定。

如果签订格式合同的双方对格式条款理解不一致，因而发生争议，根据《民法典》第四百九十八条的规定，首先应当按照通常理解进行解释；对格式条款有两种以上解释的，应当作出不利于提供格式条款一方的解释；格式条款和非格式条款不一致的，应当采用非格式条款。

## 3　购买农机设备，对方要求缴纳的“定金”与“订金”有区别吗？

在购买农机设备或从事其他商业交易时，细心的农民朋友会发现，对方提供的合同中写的是“定金”，而不是“订金”，这可不是写了错别字，而是一种法定的违约责任承担方式，它与“订金”存在巨大的差别。

“定金”是合同当事人为了确保债务的履行，约定由一方向另一方预先支付一定数额的金钱，作为履行债务的担保。定金的目的在于保证合同依约履行，并对违约方根据定金规则予以惩罚。

《民法典》第五百八十七条规定了定金适用的基本规则，“债务人履行债务的，定金应当抵作价款或者收回。给付定金的一方不履行债务或者履行债务不符合约定，致使不能实现合同目的的，无权请求返还定金；收受定金的一方不履行债务或者履行债务不符合约定，致使不能实现合同目的的，应当双倍返还定金”。如果农民张三与供货商签订了农机产品购销合同，根据合同约定张三向供货商支付了 6 万元定金。根据该条规定，如果合同如约履行，张三支付的 6 万元定金可以抵付货款或者收回；如果张三不履行合同，则无权要求供货商返还其支付的定金；当然如果供货商违约，拒绝供货，则应向张三双倍返还定金共计 12 万元。

《民法典》第五百八十六条对定金的限额及数额认定作出了具体规定，“定金的数额由当事人约定；但是，不得超过主合同标的额的百分之二十，超过部分不产生定金的效力。实际交付的定金数额多于或者少于约定数额的，视为变更约定的定金数额”。根据该条规定，定金的数额虽由当事人约定，但当事人并不能随心所欲约定定金的金额。

在前述农机购销合同中，如果合同总价为 30 万元，定金不得超过 20%，即不得超过 6 万元。根据该条规定，张三实际支付的数额不同，定金数额的认定也不同，主要分为以下几种情形：

（1）合同约定了定金，但张三未支付定金，根据定金合同自实际交付定金时成立的规定，因张三未支付定金，则双方之间关于定金的约定未成立，发生纠纷时不适用定金规则。

（2）双方约定了 8 万元的定金，张三支付了 8 万元定金，但因定金不得超过合同总标的的 20%，即 6 万元，对超出的 2 万元，不适用定金规则。

（3）合同约定了定金 6 万元，张三实际交付的定金只有 5 万元，供货商接收了该 5 万元定金，视为双方将约定的定金数额由 6 万元变更为 5 万元，该 5 万元适用定金规则。

（4）合同约定了 1 万元定金，张三实际交付定金 5 万元，供货商接收了该 5 万元定金，并在收据上注明收到定金 5 万元，视为双方将约定的定金数额由 1 万元变更为 5 万元，该 5 万元适用定金规则。

而通常所说的“订金”，并不是一种法律用语，通常会被理解为预付款，并不发生定金的适用规则。如果双方对“订金”如何使用作出了具体约定，且不违反法律规定的，该约定对双方当事人具有约束力，双方当事人应当按约定执行。

## 4 购买的农机设备，保修期内总出故障该怎么办？

购买的农机设备在保修期内出现故障，首先要确定是否属于因操作不当造成的，如因操作不当引起设备故障，则不属于产品质量问题，由此产生的相关费用及责任，合同有约定的按约定，没有约定的原则上应由使用人承担。

排除了操作不当造成农机故障的情形，应属于农机设备产品质量问题。根据《民法典》第六百一十五条、第六百一十六条的规定，认定产品是否存在质量问题的依据为：合同有约定的按约定；没有约定，但出卖人提供该产品的质量说明的，以该质量说明为依据；既没有约定，也没有产品质量说明的，由双方协商，以协商的标准为依据；协商不成的，按照合同相关条款或者交易习惯确定；仍不能确定的，按照国家标准、行业标准确定；没有国家标准、行业标准的，按照通常标准或者符合合同目的的特定标准来确定。对于农民购买的农机设备，如果双方对产品质量没有约定，供货方通常会提供产品质量说明书，可以以产品质量说明为依据，即便没有产品质量说明，农机设备通常具有国家标准，可以以国家标准作为认定产品质量问题的依据。

供货方提供的农机设备不符合上述标准，即可认定供货方提供的农机设备存在质量问题，也属供货方履行合同不符合约定，根据《民法典》第五百八十二条规定，履行不符合约定的，可按以下方式要求供货方承担违约责任：

（1）双方对违约责任有约定的按约定。比如，双方在合同中约定了定金、违约金，以及违约时的损失赔偿等，均属于双方对违约责任的约定，如果该约定不存在违反法律规定的情形，应作为双方承担违约责任的依据。

（2）双方在合同中未约定违约责任。此时，违约责任的承担由双方协商；协商不成的，按照合同相关条款或者交易习惯确定；仍不能确定的，受损害方根据标的的性质以及损失的大小，可以合理选择请求对方承担修理、重作、更换、退货、减少价款或者报酬等违约责任。通常情况下，如果供货方提供的产品不具备产品应当具备的使用性能而未事先作出说明；不符合在产品或其包装上注明采用的产品标准；不符合以产品说明、实物样品等方式表明的质量状况，购买方可以要求退货。

同时，供货方提供的产品存在质量问题给购买方造成其他损失的，购买方还可以根据《民法典》第五百八十三条的规定，要求供货方赔偿损失。损失赔偿额应相当于因违约所造成的损失，包括合同履行后可以获得的利益；但是，不得超过违约一方订立合同时预见到或者应当预见到的因违约可能造成的损失。

也就是说，农民购买的农机设备存在质量问题，可以根据情况要求供货方修理、更换、减少价款，甚至退货，同时可以要求供货方赔偿因产品质量问题给自己造成的损失。

## 5 农户购买了假玉米种子该怎么办？

根据《种子法》第四十九条的规定，假种子是指以非种子冒充种子或者以此种品种种子冒充其他品种种子；以及种子种类、品种与标签标注的内容不符或者没有标签的种子。劣种子是指质量低于国家规定标准；质量低于标签标注指标的；以及带有国家规定的检疫性有害生物的种子。

如果农民不小心购买了假种了、劣种子，应当根据以下情形进行处理。

(1) 在种植前即发现购买的种子为假种子、劣种子。根据《民法典》第六百一十条的规定，尚未收到种子的可以拒绝接受，已经收到的可以解除合同，退还种子，并要求对方返还货款。且在拒收或退货期间，种子毁损、灭失的风险由出卖人承担，购买人不承担责任。如果因此给购买人造成其他损失的，出卖人仍应承担赔偿责任。

(2) 在种植以后才发现种子存在质量问题。

种植以后发现种子存在质量问题的情形较为常见，但农作物生长不好到底是由于种子质量问题造成的，还是由于土壤、气候，或者栽培技术等原因造成的，往往难以判断，也常常因此发生纠纷。

农民发现农作物长势不好，可能存在种子质量问题时，即应根据《种子法》的规定向农业主管部门反映情况，由农业主管部门对种子品种进行检测，或委托种子质量检验机构对种子的质量进行检验（如果农民购买的种子为林木种子，则应向林业主管部门反映，由林业主管部门处理）。

为确定造成农作物损失的原因及损失程度，农业主管部门通常会委托种子管理机构，根据《农作物种子质量纠纷田间现场鉴定办法》的规定，进行农作物田间现场鉴定。田间现场鉴定前，农民应尽量保持农作物现场原貌，避免因现场毁损出现无法鉴定的情形。必要时，农民也可直接向种子管理机构提出田间现场鉴定申请，以确定损失的原因及程度。

经鉴定或双方均认定种子存在质量问题，给农民造成的损失，使用种子的农民可以向出售种子的经营者要求赔偿，也可以向种子生产者要求赔偿。赔偿范围包括购种价款、可得利益损失和其他损失。其中可得利益损失是指如果合同得以全部履行，将来确定可以获得的利益。也就是说，如果种植的种子没有问题，收获期满时农民确定可以获得的利益，种子的生产者，或经营者也应当予以赔偿。

国家实行种子经营许可制度，对种子的生产、经营进行严格的监管，只有取得经营许可的单位或个人方能从事种子经营。农民购买种子也应从获得种子经营许可的单位或个人处购买种子，尽量避免买到假冒伪劣的种子，给自己造成不必要的损失。

## 6 民间借款，借条上应写明哪些内容?

看似简单的借条，实为借款人与出借人之间就借款事宜达成的借款合同。根据《民法典》第六百六十八条规定，借款合同的内容一般包括借款种类、币种、用途、数额、利率、期限和还款方式等条款。

（1）该条规定的借款种类主要是指短期借款、长期借款等金融机构使用的借款分类，民间借款无须考虑借款种类。

（2）币种是指所借款项是人民币还是某种外币，如美元、日元等。借据中未标明币种时，通常认定所借款项为人民币。

（3）借款用途主要用于金融机构对借出款项的监管，民间借款则主要考虑该借款是否用于合法用途，如果明知或者应当知道该借款用于赌博、贩毒等违法犯罪，仍然提供借款，则借款合同无效，出借人甚至可能因借款行为而承担刑事责任。

（4）数额，是指借款金额。借款数额是借款合同成立的基本要素，没有借款数额，双方之间的借款合同不能成立。

（5）利率，自然人之间的借款，约定有利率的应在借款协议中写明，并应当写明双方约定的利率具体是多少，该利率是年息还是月息等，根据《民法典》第六百八十条的规定，借款合同对支付利息没有约定的，视为没有利息；借款合同对支付利息约定不明确，自然人之间借款的，视为没有利息。

（6）期限，即双方约定返还借款的时间，是一次性返还，还是分期返还；分期返还的，应当约定每次返还的具体时间。如果双方未约定还款期限或约定不明的，根据《民法典》第六百七十五条的规定，由双方协商，协商不成的，根据合同相关条款或交易习惯确定，仍无法确定的，借款人可以随时返还；出借人可以催告借款人在合理期限内返还。

（7）还款方式，是指双方约定借款人以什么方式返还借款，是现金返还，还是银行转款，双方也可以约定将款项直接支付至第三人名下。

（8）此外，双方还可以约定违约责任，如逾期还款违约金、逾期利息等。如果第三人就该借款提供担保，也可以在借款合同中一并约定担保人的担保责任、担保范围、担保期限等相关内容，并由担保人在担保人处签字。

日常生活中，借款人出具的借条通常不具备《民法典》第六百六十八条规定的全部内容，最简单的借条上只要具备借款人、借款金额即可。例如，“今借到现金 500 元。李四。”该借条只要反映了借款的真实情况，同样具有法律效力。但为避免出现不必要的纠纷，仍建议借款双方尽量完善借款合同的内容。

## 7 借款合同中约定的高额利息是否受法律保护？

借款合同是借款人向出借人借款，到期返还借款并支付利息的合同。因此双方可以在合同中约定利息，但《民法典》第六百八十条规定，禁止高利放贷，借款的利率不得违反国家有关规定。

2020 年 12 月 23 日修正的《最高人民法院关于审理民间借贷案件适用法律若干问题的规定》第二十五条规定，出借人请求借款人按照合同约定利率支付利息的，人民法院应予支持，但是双方约定的利率超过合同成立时一年期贷款市场报价利率四倍的除外。

“一年期贷款市场报价利率”，是指中国人民银行授权全国银行间同业拆借中心自 2019 年 8 月 20 日起每月发布的一年期贷款市场报价利率。比如，2020 年 9 月 21 日发布的贷款市场报价利率（简称 LPR），一年期利率为 3.85%，四倍即为 15.4%，根据该条规定，2020 年 9 月签订的借款合同，双方约定的最高利率不得超过年息 15.4%。需要说明的是，如果双方约定的利息超过了该限额，超过部分不受法律保护，并非所有利息不受法律保护。比如，双方约定月息 2 分，则年利率为 24%，根据该司法解释规定，法院会判决借款人按年利率 15.4% 计付利息，超过部分的利息将不予支持。

此外，在部分民间借款合同中，双方会约定逾期还款时的逾期利息。比如，双方在合同中约定，逾期还款按月息 2% 计付利息，逾期还款按原利率的双倍计付利息等，还有部分民间借款合同约定逾期还款承担违约金，承担债权人实现债权支付的费用等。

根据修改后的《最高人民法院关于审理民间借贷案件适用法律若干问题的规定》第二十八条规定，借贷双方对逾期利率有约定的，从其约定，但是以不超过合同成立时一年期贷款市场报价利率四倍为限。第二十九条规定，出借人与借款人既约定了逾期利率，又约定了违约金或者其他费用，出借人可以选择主张逾期利息、违约金或者其他费用，也可以一并主张，但是总计超过合同成立时一年期贷款市场报价利率四倍的部分，人民法院不予支持。根据该规定，因借款人逾期还款而承担的利息、违约金以及其他费用的总和，同样以一年期贷款市场报价利率四倍为限。

## 8　借款合同未约定利息能否要求对方支付逾期利息？

民间借款的利息分为两类：一是借款期限内应承担的利息；

二是借款人未能按期返还借款，从借款逾期之后应承担的利息，称为逾期利息。《民法典》第六百七十六条规定，借款人未按照约定的期限返还借款的，应当按照约定或者国家有关规定支付逾期利息。日常生活中，关于逾期利息的约定通常分为以下几种情形：

（1）未约定利息，也未约定逾期利息。民间借款通常为了帮助亲友渡过难关，双方未在借款合同中约定利息、逾期利息的情况十分普遍，因《民法典》第六百八十条规定，借款合同对支付利息没有约定的，视为没有利息。故出借人不能主张利息，但借款人逾期还款，则属于违约行为，虽然双方未约定逾期利息，借款人应对自己的违约行为承担责任。《最高人民法院关于审理民间借贷案件适用法律若干问题的规定》第二十八条第二款第一项规定，既未约定借期内利率，也未约定逾期利率，出借人主张借款人自逾期还款之日起参照当时一年期贷款市场报价利率标准计算的利息承担逾期还款违约责任的，人民法院应予支持。比如，张三因家中急用钱向李四借款 5 万元，使用期限为三个月，双方没有约定利息，也没有约定到期不还应否支付利息。三个月期满后，张三没有归还借款，此时央行发布的一年期贷款市场报价利率为 3.85%，那么，从第三个月期满之日起，李四可以要求张三按年息 3.85% 承担违约责任。

（2）仅约定利息，未约定逾期利息。《最高人民法院关于审理民间借贷案件适用法律若干问题的规定》第二十八条第二款第二项规定，约定了借期内利率但是未约定逾期利率，出借人主张借款人自逾期还款之日起按照借期内利率支付资金占用期间利息的，人民法院应予支持。比如，双方在借款合同中约定月息1分，未约定逾期利息，在借款逾期后，出借人可以要求借款人按月息1分，支付借款逾期后资金占用期间的利息。

（3）双方对逾期利息作出了明确约定。《最高人民法院关于审理民间借贷案件适用法律若干问题的规定》第二十八条规定，借贷双方对逾期利率有约定的，从其约定，但是以不超过合同成立时一年期贷款市场报价利率四倍为限。需要注意的是，如果双方既约定了逾期利率，又约定了违约金或者其他费用，因借款人逾期还款而承担的利息、违约金以及其他费用的总和，不得超过一年期贷款市场报价利率的四倍。

## 9 《民法典》施行前打的借条，能否适用《民法典》的相关规定？

《民法典》自2021年1月1日起施行，同时废止《婚姻法》《继承法》《民法通则》《收养法》《担保法》《合同法》《物权法》《侵权责任法》《民法总则》。2020年12月29日，最高人民法院也发布了《关于废止部分司法解释及相关规范性文件的规定》，废止了116件司法解释。虽然《民法典》生效后废除了大量的法律规定及司法解释，但编纂《民法典》并非全新的法律制定，而是对以前的民事法律规范进行编纂修订，绝大部分仍保留了原先的法律规定。

为了解决《民法典》生效前后法律适用衔接问题，最高人民法院于2020年12月29日发布了《关于适用〈中华人民共和国民法典〉时间效力的若干规定》，根据该规定，《民法典》生效前打的借条能否适用《民法典》，大致可以分为以下几种情形。

（1）原则上不能适用。一般情况下，新的法律只对其施行后的法律事实产生约束力，对施行前的法律事实没有溯及力。《最高人民法院关于适用〈中华人民共和国民法典〉时间效力的若干规定》第一条规定，《民法典》生效以后发生的法律事实引起的民事纠纷，适用《民法典》的规定；生效前发生的法律事实引起的民事纠纷，除非法律、司法解释有明确规定，否则适用当时的法律规定。

（2）可以适用《民法典》的例外规定。

①借款行为持续到《民法典》生效之后的，可以适用《民法典》的规定。《最高人民法院关于适用〈中华人民共和国民法典〉时间效力的若干规定》第一条还规定，《民法典》生效前发生的法律事实持续至《民法典》生效之后，除法律有明确规

定外，适用《民法典》的规定。比如，张三在《民法典》生效之前就给李四打了借条，但李四在《民法典》生效之后才将借款交付给张三，该借款行为跨越《民法典》生效前后，除非法律、司法解释另有规定，适用《民法典》的规定。如果，合同约定的是分期支付，李四在《民法典》生效前支付了部分借款，生效后又支付了部分借款，根据《最高人民法院关于适用〈中华人民共和国民法典〉时间效力的若干规定》第二十条的规定，因《民法典》生效前支付的借款发生纠纷，适用《合同法》及相关法律规定，因《民法典》生效后支付的借款发生纠纷，则适用《民法典》的规定。

②适用《民法典》更有利于保护民事主体合法权益，更有利于维护社会和经济秩序的，适用《民法典》。

《最高人民法院关于适用〈中华人民共和国民法典〉时间效力的若干规定》第二条规定，民法典施行前的法律事实引起的民事纠纷案件，当时的法律、司法解释有规定的，适用当时的法律、司法解释的规定，但是适用《民法典》的规定更有利于保护民事主体合法权益，更有利于维护社会和经济秩序，更有利于弘扬社会主义核心价值观的除外。比如，张三与李四签订的借款合同，根据《民法典》生效前的《合同法》及相关司法解释，应认定为合同无效，但根据《民法典》的规定则认定合同有效，此时，应适用《民法典》的规定。

③《民法典》生效之前的法律、司法解释没有明确规定，而《民法典》作出了具体规定的，适用《民法典》的规定。

《最高人民法院关于适用〈中华人民共和国民法典〉时间效力的若干规定》第三条规定，《民法典》施行前的法律事实引起的民事纠纷案件，当时的法律、司法解释没有规定而《民法典》有规定的，可以适用《民法典》的规定，但是明显减损当事人合法权益、增加当事人法定义务或者背离当事人合理预期的除外。

此外，需要说明的是，《民法典》施行前已终审的案件，不适用《民法典》的规定。

## 10 为朋友借款提供担保，朋友到期不还，是否应当先用朋友的财产抵还借款？

担保包括两类：一类是以担保人的信用为他人借款提供担保，该类担保称为保证，提供担保的人称为保证人，出借人为债权人，借款人为债务人；还有一类担保是以财产为自己或他人的借款提供担保，比如抵押、质押等，民间通常所述的担保即为保证担保。根据《民法典》第六百八十六条的规定，保证的方式包括一般保证和连带责任保证。不同的保证方式，决定了债务人到期不还，能否先用债务人自己的财产清偿债务。

（1）一般保证，原则上应以债务人自己的财产先行清偿债务，不能清偿的部分，方可要求保证人代为清偿。

《民法典》第六百八十七条规定，一般保证是指当事人在保证合同中约定，债务人不能履行债务时，由保证人承担保证责任的保证。一般保证的保证人在主合同纠纷未经审判或者仲裁，并就债务人财产依法强制执行仍不能履行债务前，有权拒绝向债权人承担保证责任。

根据该条规定，在债权人想要保证人承担保证责任，应当履行起诉、仲裁，并经强制执行的法定程序，先行执行债务人自己的财产，仍不能清偿的债务，方能要求保证人承担保证责任，代为清偿。

但是该条规定了先用债务人财产清偿债务的例外情况：①债务人下落不明，且无财产可供执行；②人民法院已经受理债务人破产案件；③债权人有证据证明债务人的财产不足以履行全部债务或者丧失履行债务能力；④保证人书面表示放弃本款规定的权利。在该四种情况下，并不需要先行执行债务人的财产，保证人即应承担保证责任，代债务人承担还款义务。

（2）连带责任保证中，债权人既可要求债务人清偿债务，也可要求保证人清偿债务，并不要求先以债务人自己的财产清偿债务。

《民法典》第六百八十八条规定，连带责任保证是当事人在保证合同中约定保证人和债务人对债务承担连带责任的保证。连带责任保证的债务人不履行到期债务或者发生当事人约定的情形时，债权人可以请求债务人履行债务，也可以请求保证人在其保证范围内承担保证责任。由此可知，连带责任保证的核心在于更大限度地保证债权人的利益，保证人在保证合同中约定承担连带责任保证的，不能要求先用债务人的财产清偿债务。

另，根据《民法典》第六百八十六条的规定，当事人在保证合同中对保证方式没有约定或者约定不明确的，按照一般保证承担保证责任。此时，除非存在法定的例外情形，否则保证人可以要求先以债务人自己的财产清偿债务。

## 11 保证人仅在借据上签名，是否应当承担保证责任?

借款人之外的人在借据上签名，应当明确其以什么身份在借据上签名，如果是以介绍人、见证人等非保证人身份在借据上签名或盖章，根据《最高人民法院关于审理民间借贷案件适用法律若干问题的规定》第二十条的规定，不能要求其承担保证责任；如果其是以保证人的身份在借据上签名或者盖章，或者通过其他事实可以推定其为保证人，则应当承担保证责任。

《民法典》第六百八十四条规定，保证合同的内容一般包括被保证的主债权的种类、数额，债务人履行债务的期限，保证的方式、范围和期间等条款。但现实生活中，保证人仅在借据上以保证人身份签名或盖章，既未约定保证方式，更未约定保证范围、保证期间的情形十分常见。借款人以外的人以保证人身份在借据上签名，足以说明其自愿承担保证责任，其应如何承担保证责任分析如下：

（1）保证范围。保证人仅在借据上签名或盖章，因当事人未对保证范围进行约定，根据《民法典》第六百九十一条的规定，保证的范围包括主债权及其利息、违约金、损害赔偿金和实现债权的费用。

（2）保证方式。当事人未对保证方式进行约定，根据《民法典》第六百八十六条的规定，保证人按照一般保证承担保证责任。但是《民法典》生效之前的《担保法》第十九条规定，当事人对保证方式没有约定或者约定不明确的，承担连带保证责任。如果保证人签字的时间发生在《民法典》施行之前，则应根据《最高人民法院关于适用〈中华人民共和国民法典〉时间效力的若干规定》来确定适用《民法典》还是《担保法》，并以此确定保证人应承担一般保证责任，还是连带保证责任。

（3）保证期间。保证期间是确定保证人承担保证责任的期间。根据《民法典》第六百九十二条规定，债权人与保证人可以约定保证期间，但是约定的保证期间早于主债务履行期限或者与主债务履行期限同时届满的，视为没有约定；没有约定或者约定不明确的，保证期间为主债务履行期限届满之日起六个月。据此，保证人仅在借据上签名或盖章，未约定保证期间的，保证期间为主债务履行期限届满之日起六个月。该条同时规定，债权人与债务人对主债务履行期限没有约定或者约定不明确的，保证期间自债权人请求债务人履行债务的宽限期届满之日起计算。比如，借款人与出借人未约定还款时间，后出借人通知借款人于十日内清偿借款，此时，保证人的保证期间于出借人通知还款的十日宽限期届满时开始起算，如未约定保证期间，保证人的保证期间从十日宽限期满起算六个月。

需要特别说明的是，《民法典》生效前的《最高人民法院关于适用〈中华人民共和国担保法〉若干问题的解释》规定，保证合同约定保证人承担保证责任直至债务本息还清时为止等类似内容，视为保证期限约定不明，保证期间为主债务履行期届满之日起二年。目前该《最高人民法院关于适用〈中华人民共和国担保法〉若干问题的解释》已废止，应根据《最高人民法院关于适用〈中华人民共和国民法典〉时间效力的若干规定》第二十七条的规定来确定保证期间约定不明的问题。即《民法典》施行前成立的保证合同，当事人对保证期间约定不明确，主债务履行期限届满至《民法典》施行之日不满二年，当事人主张保证期间为主债务履行期限届满之日起二年的，人民法院依法予以支持；当事人对保证期间没有约定，主债务履行期限届满至《民法典》施行之日不满六个月，当事人主张保证期间为主债务履行期限届满之日起六个月的，人民法院依法予以支持。

此外，需要强调的是保证人的保证责任免除问题。《民法典》第六百九十三条规定，一般保证的债权人未在保证期间对债务人提起诉讼或者申请仲裁的，保证人不再承担保证责任。连带责任保证的债权人未在保证期间请求保证人承担保证责任的，保证人不再承担保证责任。保证人仅在借据上签字，因双方未约定保证限期，债权人应在债务到期后六个月内依法主张权利。一般保证的，应于债务到期后六个月内对债务人提起诉讼或仲裁；连带责任保证的，应在债务到期后六个月内要求保证人承担保证责任，否则保证人的保证责任依法免除。

## 12 房东准备出售房屋，通知解除租赁合同该怎么办？

农民外出打工，大多租住他人房屋，在房屋租赁期间，出租人突然解除合同的情形时有发生。出租人解除合同，应当符合法定或约定的解除条件，如果双方在合同中约定，出租人出售房屋可以解除租赁合同，则根据双方约定，出租人有权解除租赁合同。如果没有该约定，出租人不得以准备出售房屋为由要求解除租赁合同。

《民法典》第七百二十五条规定了“买卖不破租赁”的原

则，租赁物在承租人按照租赁合同占有期限内发生所有权变动的，不影响租赁合同的效力。比如，张三将房屋出租给李四，在租赁期间，张三将房屋出售给王五，该房屋所有权的转移不影响租赁合同的效力，王五作为新的房屋所有人，仍应当履行原房主张三与李四签订的租赁合同。

不仅如此，《民法典》第七百二十六条还规定了承租人对承租的房屋享有优先购买权，该条规定，出租人出卖租赁房屋的，应当在出卖之前的合理期限内通知承租人，承租人享有以同等条件优先购买的权利。也就是说，出租人张三准备出售房屋，不仅不能解除租赁合同，还应当通知承租人李四，承租人李四在同等条件下对承租的房屋享有优先购买权。但是，房屋按份共有人行使优先购买权或者出租人将房屋出卖给近亲属的除外。且承租人在收到通知后，十五日内未明确表示购买的，视为承租人放弃优先购买权。

承租人对出租人解除房屋租赁合同有异议，应根据《民法典》第五百六十五条的规定，请求人民法院或者仲裁机构确认解除行为的效力。具体是向法院提起诉讼，还是向仲裁机构申请仲裁，应看双方签订的租赁合同是否约定了仲裁条款，如果双方在租赁合同中约定了仲裁条款，或者发生纠纷后双方达成仲裁协议，当事人应向仲裁机构申请仲裁；没有约定仲裁的，当事人应向有管辖权的人民法院提起诉讼。

## 13 农民在别人承包的建设工程中承包了部分工程，干完活没人付款该怎么办？

农民个人或农民自发组建的包工队，在他人承包的工程中承包部分工程，并进行施工的情形较为常见。但是，《建筑法》明令禁止将建设工程发包给没有资质的单位，明令禁止非法转包、违法分包建设工程。《民法典》第七百九十一条同样规定，禁止承包人将工程分包给不具备相应资质条件的单位。禁止分包单位将其承包的工程再分包。建设工程主体结构的施工必须由承包人自行完成。因此，不论农民是否拥有施工的技术，在没有施工资质的情况下，从他人手中转包或分包建设工程，均违反了法律的禁止性规定，双方之间签订的承包合同为无效合同。但是，农民作为该建设工程的实际施工人，在符合法律规定的情况下，可以依法主张自己的合法权利。

（1）承包人施工的建设工程经验收合格的。《民法典》第七百九十三条规定，“建设工程施工合同无效，但是建设工程经验收合格的，可以参照合同关于工程价款的约定折价补偿承包人”。虽然双方签订的建设工程承包合同为无效合同，但承包人为该工程付出的劳务、建筑材料等均已物化到建设工程中，客观上无法返还实物，故该条规定，建设工程经验收合格的，可以参照合同关于工程价款的约定折价补偿承包人。

（2）承包人施工的建设工程经验收不合格的。验收不合格的建设工程，无法投入使用，没有利用价值，自然无法要求折价补偿。但部分建设工程虽验收不合格，但经过修复，可以达到国家或行业规定的标准，应允许施工人对其进行修复。故《民法典》第七百九十三条规定，建设工程施工合同无效，且建设工程经验收不合格的，分为两种情况：①修复后的建设工程经验收合格的，发包人可以请求承包人承担修复费用，当然发包人应参照合同关于工程价款的约定折价补偿承包人；②修复后的建设工程经验收不合格的，承包人无权请求参照合同关于工程价款的约定折价补偿。

此外，如果发包人对因建设工程不合格造成的损失有过错的，应当承担相应的责任。如因发包方提供的图纸不符合规范，发包方提供的建筑材料质量不合格，以及其他因发包方的原因造成建设工程建设不合格的，发包方应承担相应的责任。

建设工程经验收合格，或经修复后验收合格的，作为承包人的农民，不仅可以要求转包人、违法分包人参照合同关于工程价款的约定折价补偿，还可以要求发包人在欠付工程款范围内承担责任。

# 第五章

# 农村土地治理问题

## 第一节　土地承包

### 1　农村土地承包中双方的基本权利义务有哪些?

我国实行农村土地承包经营制度，农村土地承包原则上采取农村集体经济组织内部家庭承包方式，只有不宜采取家庭承包方式的荒山、荒沟、荒丘、荒滩等农村土地，可以采取招标、拍卖、公开协商等方式承包。在农村土地家庭承包中，发包方是依法享有发包权的农村集体经济组织、村民委员会或者村民小组；承包方是本集体经济组织的农户，农户内家庭成员依法平等享有承包土地的各项权益。《农村土地承包法》明确规定了发包方、承包方应享有的权利和应承担的义务。

（1）发包方的权利与义务。

根据《农村土地承包法》第十四条的规定，发包方享有的权利包括：①发包本集体所有的或者国家所有依法由本集体使用的农村土地；②监督承包方依照承包合同约定的用途合理利用和保护土地；③制止承包方损害承包地和农业资源的行为；④法律、行政法规规定的其他权利。

根据《农村土地承包法》第十五条的规定，发包方承担的义务包括：①维护承包方的土地承包经营权，不得非法变更、解除承包合同；②尊重承包方的生产经营自主权，不得干涉承包方依法进行正常的生产经营活动；③依照承包合同约定为承包方提供生产、技术、信息等服务；④执行县、乡（镇）土地利用总体规划，组织本集体经济组织内的农业基础设施建设；⑤法律、行政法规规定的其他义务。

（2）承包方的权利与义务。

根据《农村土地承包法》第十七条的规定，承包方享有的权利包括：①依法享有承包地使用、收益的权利，有权自主组织生产经营和处置产品；②依法互换、转让土地承包经营权；③依法流转土地经营权；④承包地被依法征收、征用、占用的，有权依法获得相应的补偿；⑤法律、行政法规规定的其他权利。

根据《农村土地承包法》第十八条的规定，承包方承担的义务包括：①维持土地的农业用途，未经依法批准不得用于非农建设；②依法保护和合理利用土地，不得给土地造成永久性损害；③法律、行政法规规定的其他义务。

除了上述基本权利义务之外，在《农业法》《土地管理法》《森林法》《草原法》等法律以及国务院制定的行政法规中，都有涉及农村土地承包中双方权利义务的规定，也应当依法遵守。

## 2　承包人能否将自己承包的土地与他人互换、转让？

《民法典》第三百三十一条规定，土地承包经营权人依法对其承包经营的土地享有占有、使用和收益的权利，从而确定了土地承包经营权人对承包的土地享有用益物权，即农民可以通过占有、使用村集体所有的土地取得收益。根据《民法典》第三百三十四条的规定，土地承包经营权人可以依法将自己承包的土地与他人互换或转让，但应当依法进行。

根据《农村土地承包法》第三十三条的规定，互换是指土地承包经营中的承包方，相互之间为了方便耕种或者各自需要，将属于同一集体经济组织的承包地进行互换，从而引起土地承包经营权的相互交换。根据该条规定，土地承包经营权互换的，应当向发包方备案，但需要注意的是，此处并未要求互换承包地需要经过发包方同意，并且未向发包方备案并不影响互换合同的效力。

根据《农村土地承包法》第三十四条的规定，转让是指经发包方同意，承包方将全部或者部分土地承包经营权转让给本集体经济组织的其他农户，由该农户同发包方确立新的承包关系的行为。根据该条规定，转让土地承包经营权应当符合以下条件：（1）只能转让给本集体经济组织的其他农户；（2）应当经发包方同意；（3）转让之后原承包人与发包人在该土地上的承包关系终止，新的承包人与发包人之间形成承包关系。

不论对承包经营的土地进行互换，还是转让，均应当根据《民法典》第三百三十五条的规定及时办理变更登记，未经变更登记的，不得对抗善意第三人。也就是说，双方互换或转让承包地后，要及时办理变更登记，否则当发生土地争议时，已经办理登记的优先于未办理登记的。例如，张三将自己承包的土地转让给了李四，但未办理变更登记，后张三又将该土地转让给了不知情的王五，并办理了变更登记，此时王五为善意第三人。如果李四、王五对承包地的权属发生争议，因王五为善意第三人，且承包地已登记在王五名下，其权利将优先受到保护。

## 3 村里新增人口较多，发包方能否以此为由调整承包地？

土地作为农民最基本的生产资料，应赋予农民长期稳定的使用权，因此《民法典》《土地管理法》《农民土地承包法》均对农民的承包经营权期限作出了明确规定，耕地的承包期为三十年，草地的承包期为三十年至五十年，林地的承包期为三十年至七十年。同时，《土地管理法》第十三条规定，实行家庭承包的，在承包期届满后，耕地再延长三十年，草地、林地承包期届满后依法相应延长，以上规定确保农民对承包的土地享有长期稳定的经营权。

本着维护长期稳定土地承包经营权这一基本原则，《民法典》第三百三十六条规定，承包期内发包人不得调整承包地。因自然灾害严重毁损承包地等特殊情形，需要适当调整承包的耕地和草地的，应当依照农村土地承包的法律规定办理。因此，发包方不能仅仅以村里新增人口较多为由调整土地。

对于村里新增人口的土地承包问题，根据《农村土地承包法》第二十九条的规定，应当以集体经济组织依法预留的机动地，通过依法开垦等方式增加的土地，以及发包方依法收回和承包方依法、自愿交回的土地，发包给新增人口。不得以新增人口为由调整原村民已经承包的土地。

如果承包期内出现《民法典》第三百三十六条规定的特殊情形，需要对个别农户之间承包的耕地和草地适当调整的，应当根据《农村土地承包法》第二十八条的规定进行，首先要经本集体经济组织成员的村民会议三分之二以上成员或者三分之二以上村民代表的同意；其次要报乡（镇）人民政府和县级人民政府农业农村、林业和草原等主管部门批准。需要强调的是，如果双方在承包合同中约定不得调整承包地，即使出现《民法典》中规定的应当调整土地的特殊情形，也不得据此调整承包地。

如果发包方违约调整承包地，根据《最高人民法院关于审理涉及农村土地承包纠纷案件适用法律问题的解释》第六条的规定，承包方可以请求发包方返还承包地。如果发包方已将承包地另行发包给第三人，承包方可以要求确认发包方与第三人签订的承包合同无效，并要求返还承包地、赔偿损失。但因承包方弃耕、撂荒承包地，承包人不得要求赔偿损失。如果第三人没有过错，发包方或承包方因第三人在承包地上的投入而受益，则受益方应给第三方合理补偿。

## 4 农村集体土地能否发包给外村村民或企业？

农村土地承包方式有两种：一是家庭承包；二是以招标、拍卖、公开协商等方式的承包。农村集体土地能否发包给外村村民或企业，两种不同的承包方式有不同的规定。

(1) 在家庭承包方式中，发包方不得将集体土地发包给外村村民或企业。

家庭承包是指农村集体经济组织的每一个农户为一个生产经营单位，作为承包人承包本集体经济的土地，即通常所说的“按户承包”。家庭承包是农村土地承包的基础，也是农村集体土地承包的主要方式。根据《农村土地承包法》第十三条、第十六条的规定，在家庭承包中，发包方原则上为集体土地的所有人，承包方是本集体经济组织的农户。显然，在家庭承包中，发包方是不能将本集体所有的土地发包给外村村民或企业的。只有承包方取得承包土地后，可以依法将自己承包的土地流转给外村村民或企业耕作。比如，村民委员会将土地发包给了本村村民张三，张三可以将自己承包的土地以出租或其他方式流转给外村村民李四耕作，但村民委员会不能将本村的土地直接发包给李四。

（2）以招标、拍卖、公开协商等方式承包土地的，发包方可以依法将集体土地发包给符合条件的外村村民或企业。

不宜采取家庭承包的荒山、荒沟、荒丘、荒滩等农村土地，发包人方能采用招标、拍卖、公开协商等方式承包土地。以该种方式发包土地的，可以将农村土地发包给符合条件的本集体经济组织以外的单位或者个人，但应当符合法律规定。《农村土地承包法》第五十二条的规定，发包方将农村土地发包给本集体经济组织以外的单位或者个人承包，首先应当经本集体经济组织成员的村民会议三分之二以上成员或者三分之二以上村民代表的同意，并报乡（镇）人民政府批准。其次由本集体经济组织以外的单位或者个人承包的，发包方应当对承包方的资信情况和经营能力进行审查，然后再签订承包合同。并且在同等条件下，本集体经济组织成员有权优先承包。

## 5 承包期内，承包方全家外出打工，无人耕种承包地，村委能否单方收回其承包地？

村委作为集体土地的发包方，与本集体经济组织的成员签订承包合同，承包方在合同生效时即取得土地承包经营权。经县级以上地方人民政府颁发土地承包经营权证，并登记造册，确认承包人的土地承包经营权。此时，承包人对承包地享有的承包经营权，如同村民享有的宅基地使用权一样，均属于用益物权，除非法律有明文规定，任何组织或个人均不得收回。

承包方全家外出打工，无人耕种，村民委员会能否收回承包地，实际上包含两种情形：一是承包人全家外出打工，能否收回承包地；二是土地无人耕作抛荒，能否收回承包地。

（1）承包人全家外出打工，发包人不能收回承包地。

根据《农村土地承包法》第二十七条的规定，承包人全家外出打工，其集体经济组织成员的身份并未消失，其依法取得的土地承包经营权应当予以保护。即使承包人已在城市落户，发包人应当引导支持承包人按照自愿有偿的原则将承包地交回发包方；或者转让给本集体经济组织内的其他成员；或者鼓励承包人将土地经营权流转给他人，从而避免土地闲置、抛荒，但不能单方收回承包地。

（2）承包地因无人耕作而抛荒，发包人不能收回承包地。

目前并无承包地在无人耕作而抛荒的情况下，发包人可以收回承包地的法律规定。2019 年《土地管理法》修改时删除了“连续二年弃耕抛荒，原发包单位应当终止承包合同，收回发包的耕地”的规定。2011 年修订的《基本农田保护条例》虽然有“承包经营基本农田的单位或者个人连续 2 年弃耕抛荒的，原发包单位应当终止承包合同，收回发包的基本农田”的规定，但是该条例为国务院发布的行政法规，并不属于法律，且该条例所依据的《土地管理法》已于 2019 年删除了相关规定，故不能以 2011 年修订的《基本农田保护条例》作为发包人收回承包地的依据。且根据《最高人民法院关于审理涉及农村土地承包纠纷案件适用法律问题的解释》第六条的规定可知，承包方弃耕、撂荒承包地，不属于发包方解除承包经营权的事由。

如果承包方全家外出打工，或因其他情形无法耕种承包地的，发包方应当根据《农村土地承包法》第二十七条的规定，引导支持承包人将承包地流转给他人经营，充分发挥土地的作用。如果接受流转土地的受让人弃耕抛荒连续两年以上的，承包方可以根据《农村土地承包法》第四十二条的规定解除土地经营权流转合同，继续自行耕种或另行流转给他人。如果承包方在合理期限内不解除土地经营权流转合同，村民委员会作为发包方可以要求承包方解除。例如，村民委员会将土地承包给了张三，张三一家外出打工，无法耕作，张三可以将土地出租给李四经营，如果李四怠于经营致使土地连续两年抛荒，张三可以解除其与李四之间签订的土地流转合同，收回土地自行耕作或出租给王五，如果张三未在合理期限内要求解除合同，根据《农村土地经营权流转管理办法》第二十条的规定，村民委员会可以要求张三解除合同。但村民委员会作为发包人，不得解除其与张三之间签订的土地承包合同。

## 6 村委能否以少数服从多数的方式将村民的承包地流转给他人？

村委作为发包方，将村集体所有的土地发包给村民，村民因此取得承包经营权。根据《农村土地承包法》第三十六条的规定，承包方可以自主决定依法采取出租（转包）、入股或者其他方式向他人流转土地经营权，并向发包方备案。《农村土地承包法》第三十八条规定，土地经营权流转应当遵循依法、自愿、有偿的原则，任何组织和个人不得强迫或者阻碍土地经营权流转。因此，村民取得承包地，完全可以自主决定是自己耕作，还是以出租、入股或其他方式流转给第三人经营，且不受任何组织和个人的干涉与强迫。

现实生活中，有些村民委员会以少数服从多数的方式，决定将村集体已经承包给村民的土地整体流转给第三方经营，该做法不仅违反了承包经营权自愿流转的基本原则，也是无效的。

村民委员会可以通过村民会议、村民代表会议，以少数服从多数的原则确定村集体的重要事项，根据《村民委员会组织法》第二十四条的规定，这些事项包括：本村享受误工补贴的人员及补贴标准；从村集体经济所得收益的使用；本村公益事业的兴办和筹资筹劳方案及建设承包方案；土地承包经营方案；村集体经济项目的立项、承包方案；宅基地的使用方案；征地补偿费的使用、分配方案；以借贷、租赁或者其他方式处分村集体财产；村民会议认为应当由村民会议讨论决定的涉及村民利益的其他事项等，但并不包括土地承包经营权的流转。该条规定的土地承包方案，是指村委、村民小组或集体经济组织将自己所有的土地，或代为管理的国家所有的土地实行家庭承包，对不宜承包的“四荒”地实施拍卖、招标、公开商量等方式进行承包的方案。村民取得承包地后，将承包地以出租、入股或其他方式交由他人经营的则属于土地流转，并非土地承包。

随着科技的发展，农业生产的专业化、规模化水平也越来越高，土地的规模化利用将成为常态，即便如此，土地流转也必须坚持自愿原则，与村民协商解决，村民委员会以及其他任何组织或个人均不能以任何方式强迫农民流转承包地。否则，根据《农村土地承包法》第六十条的规定，流转无效，因此给农民造成损失的，还应当予以赔偿。

## 7 土地承包经营权能否作价入股？

入股，是指承包方将部分或者全部土地经营权作价出资，成为公司、合作经济组织等股东或者成员，并用于农业生产经营。《民法典》第三百三十九条规定，土地承包经营权人可以自主决定依法采取出租、入股或者其他方式向他人流转土地经营权。根据该规定，不论是通过家庭承包方式取得的土地承包经营权，还是通过招标、拍卖、公开协商等方式取得的土地承包经营权，均可以出租、入股等方式流转给他人，但流转的具体规定有所不同。

（1）以家庭承包方式取得的土地承包经营权可以入股。集体经济组织内部的家庭承包是土地承包的主要方式，根据《农村土地承包法》第三十六条的规定，以家庭承包方式取得承包经营权的承包方，可以自主决定依法采取出租（转包）、入股或者其他方式向他人流转土地经营权，但应向发包方备案。

（2）通过招标、拍卖、公开协商等方式取得的土地承包经营权可以入股。《农村土地承包法》第五十三的规定，以该种方式取得的土地承包经营权，经依法登记取得权属证书的，可以依法采取出租、入股、抵押或者其他方式流转土地经营权。据此，以该种方式取得的土地承包经营权入股的，应当满足以下条件：①经登记并取得权属证书。②该土地承包经营权必须能够作价，量化为具体的价格。③经营中不得改变土地所有权的性质和土地的农业用途，不得破坏农业综合生产能力和农业生态环境。

同时，《农村土地经营权流转管理办法》第十六条规定，承包方自愿将土地经营权入股公司发展农业产业化经营的，可以采取优先股等方式降低承包方风险。公司解散时入股土地应当退回原承包方。

## 8　土地承包经营权流转应注意哪些事项？

《民法典》第三百三十九条规定，土地承包经营权人可以自主决定依法采取出租、入股或者其他方式向他人流转土地经营权。为了保证土地承包经营权的合法流转，土地流转应当注意以下问题。

（1）遵循土地流转的原则。

《农村土地承包法》第三十八条规定，土地经营权流转应当遵循以下原则：①依法、自愿、有偿，任何组织和个人不得强迫或者阻碍土地经营权流转；②不得改变土地所有权的性质和土地的农业用途，不得破坏农业综合生产能力和农业生态环境；③流转期限不得超过承包期的剩余期限；④受让方须有农业经营能力或者资质；⑤在同等条件下，本集体经济组织成员有优先权。土地承包人流转土地经营权，首先应当遵循土地流转的原则。

（2）应当签订书面合同。

《农村土地承包法》第四十条规定，土地经营权流转，当事人双方应当签订书面流转合同。土地经营权流转合同一般包括以下条款：①双方当事人的姓名、住所；②流转土地的名称、坐落、面积、质量等级；③流转期限和起止日期；④流转土地的用途；⑤双方当事人的权利和义务；⑥流转价款及支付方式；⑦土地被依法征收、征用、占用时有关补偿费的归属；⑧违约责任。双方未签订书面合同承包方将土地交由他人代耕不超过一年的，可以不签订书面合同。

土地经营权流转涉及农民的基本生活保障，也涉及经营权人经济利益，双方应对土地流转的相关事宜进行充分协商，明确各自的权利和义务，并签订书面合同，避免日后出现纠纷，或在出现纠纷时有据可依。

（3）办理备案登记。

根据《农村土地承包法》第四十一条的规定，土地经营权流转期限为五年以上的，当事人可以向登记机构申请土地经营权登记。未经登记，不得对抗善意第三人。该条规定的土地经营权流转登记并非必需办理，为明确双方的权利与义务，确实维护土地承包经营权受让人的利益，鼓励双方办理土地使用权的流转登记。同时，根据《农村土地经营权流转管理办法》第二十一条的规定，发包方对承包方流转土地经营权、受让方再流转土地经营权以及承包方、受让方利用土地经营权融资担保的，应当办理备案登记，并报告乡（镇）人民政府农村土地承包管理部门。

## 9　承包方将土地出租后，承租方不交租金，该如何维权？

根据《农村土地承包法》第三十六条的规定，承包方可以将自己承包的土地以出租的方式流转给他人，且该种土地流转方式在农村十分普遍，承租方未按期交纳租金的情形也较多，承包人作为承包土地的出租方，可以通过法律规定的途径依法维护自己的合法权益。

（1）事前双方应尽可能签订书面合同，明确各自的权利义务及违约责任，避免发生纠纷。《农村土地承包法》第四十条规定，土地经营权流转，当事人双方应当签订书面流转合同，并在合同中明确约定以下内容：①双方当事人的姓名、住所；②流转土地的名称、坐落、面积、质量等级；③流转期限和起止日期；④流转土地的用途；⑤双方当事人的权利和义务；⑥流转价款及支付方式；⑦土地被依法征收、征用、占用时有关补偿费的归属；⑧违约责任。拟流转土地的双方也可以参照政府部门制定的土地经营权流转合同示范文本，并结合自己实际情况签订相对规范的土地经营权流转合同。

只有双方在合同中对租金金额、支付方式，违约责任等作出了明确具体的约定，在承租方不支付租金时，出租方可根据合同约定要求对方履行义务、承担责任。如果合同未对相关事宜进行约定，双方可以另行协商并签订补充协议；协商不成的，根据《民法典》第五百一十条的规定应当按照合同相关条款或者交易习惯确定；仍不能确定的，应当根据《民法典》第五百一十一条的规定处理，租金金额可以按照订立合同时的市场价格确定。关于支付期限，根据《民法典》第七百二十一条的规定，租赁期限不满一年的，应当在租赁期限届满时支付；租赁期限一年以上的，应当在每届满一年时支付，剩余期限不满一年的，应当在租赁期限届满时支付。

（2）如果承租方未按合同履行支付租金，根据《民法典》第七百二十二条的规定，承租人无正当理由未支付或者迟延支付租金的，出租人可以请求承租人在合理期限内支付；承租人逾期不支付的，出租人可以解除合同。同时出租方可以根据《农村土地承包法》第五十五条的规定，通过以下途径维护自己的权益：①协调，双方当事人可以自行协商解决；②调解，可以请求村民委员会、乡（镇）人民政府等调解解决；③仲裁，可以根据《农村土地承包经营纠纷调解仲裁法》的规定，向农村土地承包仲裁委员会申请仲裁解决纠纷；④起诉，可以直接向人民法院提起诉讼。

需要强调的是，出租人维护自己的合法权益应当采用合法的维权方式，个别村民以堵门、闹事、甚至损坏承租人财物的方式讨要租金是不可取的，也是违法的，不仅自己的合法权益无法得到维护，甚至还会因此受到行政或刑事处罚。

## 10　土地承租方长期不交租金，出租方能否解除合同？

承包方在取得承包地后，作为出租人将土地出租给承租人经营，但因种种原因，会出现承租人长期不交租金的情形，出租人想要解除承包地租赁合同，不仅要依法、依约进行，还要慎重行使解除权。

（1）审查是否具备合同解除的条件。

①是否符合约定解除条件。根据《民法典》第五百六十二条的规定，当事人可以在合同中约定一方解除合同的事由，当解除合同的事由发生时，解除权人可以解除合同。据此，当双方约定的解除合同的事由条件成就时，享有解除权的一方可以要求解除合同。比如，双方在合同中约定，承租人连续六个月不交租金，出租方可以解除合同，当合同约定的承租人连续六个月不交租金的情况出现时，出租方可以行使解除合同的权利。但是，如果承租人并非连续六个月不交租金，则不符合解除合同的条件。现实生活中，有时会出现一方在合同中约定过于苛

刻的解除条件，如双方在合同中约定，逾期三天的，出租方可以解除合同，当承租人在逾期第四天交纳租金，出租方以逾期三天为由要求解除合同的，并不必然会得到法院的支持。根据2019年《全国法院民商事审判工作会议纪要》的精神，当约定的解除合同的条件成就时，人民法院还会审查违约方的违约程度是否显著轻微，是否影响守约方合同目的实现，根据诚信原则，确定合同应否解除。因此，双方在签订合同，包括约定合同解除条件时，应当遵守公正、公平、诚信的基本原则。

②是否符合法定解除条件。如果双方未签订合同，或合同中未对解除合同的条件进行约定，解除合同必须符合法律规定的条件。《民法典》第七百二十二条规定，承租人无正当理由未支付或者迟延支付租金的，出租人可以请求承租人在合理期限内支付；承租人逾期不支付的，出租人可以解除合同。根据该规定，承租人请求解除合同需具备两个条件：一是承租方未按期交纳租金无正当理由；二是出租人在通知解除合同前，应先行通知承租人支付租金，并给予合理的期限，如果承租人仍未支付租金，方能解除承租合同。

（2）解除合同的方式。

在具备了合同解除的条件之后，出租人仍应当按照合同约定的方式解除行使解除权。

①协商解除。《民法典》第五百六十二条规定，当事人协商

一致，可以解除合同。

②通知解除。《民法典》第五百六十五条规定，当事人一方依法主张解除合同的，应当通知对方。合同自通知到达对方时解除；通知载明债务人在一定期限内不履行债务则合同自动解除，债务人在该期限内未履行债务的，合同自通知载明的期限届满时解除。对方对解除合同有异议的，任何一方当事人均可以请求人民法院或者仲裁机构确认解除行为的效力。

③诉讼解除。《民法典》第五百六十五条规定，当事人一方未通知对方，直接以提起诉讼或者申请仲裁的方式依法主张解除合同，人民法院或者仲裁机构确认该主张的，合同自起诉状副本或者仲裁申请书副本送达对方时解除。

（3）解除合同的法律后果。

根据《民法典》第五百六十六条的规定，双方签订的土地出租合同解除后，尚未履行的，终止履行；已经履行的，根据履行情况和合同性质，当事人可以请求恢复原状或者采取其他补救措施，并有权请求赔偿损失。合同因违约解除的，解除权人可以请求违约方承担违约责任，但是当事人另有约定的除外。

## 11　农民能否以土地承包经营权为担保，向银行申请借款？

《农村土地承包法》第四十七条规定，承包方可以用承包地的土地经营权向金融机构融资担保，并向发包方备案。受让方通过流转取得的土地经营权，经承包方书面同意并向发包方备案，可以向金融机构融资担保。《农村土地承包经营权流转管理办法》第二十一条规定，利用土地经营权融资担保的，应当办理备案，并报告乡（镇）人民政府农村土地承包管理部门。也就是说，不论是从村集体取得土地承包经营权的农民，还是以流转方式取得土地经营权的农民，均可以土地经营权作担保，向银行申请借款。

2016 年 3 月 15 日，人民银行、原银监会、原保监会、财政部、原农业部联合发布《农村承包土地的经营权抵押贷款试点暂行办法》，该文件提出，在北京市大兴区等 232 个试点县（市、区）、天津市蓟县等 59 个试点县（市、区），开展农村承包土地经营权抵押贷款试点。

根据该试点暂行办法的规定，在试点地区，通过家庭承包方式依法取得土地承包经营权和通过合法流转方式获得承包土地的经营权的农户及农业经营主体，均可按程序向银行业金融机构申请农村承包土地的经营权抵押贷款。

通过家庭承包方式取得土地承包经营权的农户以其获得的土地经营权作抵押申请贷款的，应符合以下条件：（1）具有完全民事行为能力，无不良信用记录；（2）用于抵押的承包土地没有权属争议；（3）依法拥有县级以上人民政府或政府相关主管部门颁发的土地承包经营权证；（4）承包方已明确告知发包方承包土地的抵押事宜。

通过合法流转方式获得承包土地的经营权的农业经营主体申请贷款的，应符合以下条件：（1）具备农业生产经营管理能力，无不良信用记录；（2）用于抵押的承包土地没有权属争议；（3）已经与承包方或者经承包方书面委托的组织或个人签订了合法有效的经营权流转合同，或依流转合同取得了土地经营权权属确认证明，并已按合同约定方式支付了土地租金；（4）承包方同意承包土地的经营权可用于抵押及合法再流转；（5）承包方已明确告知发包方承包土地的抵押事宜。

根据该试点暂行办法，承包经营权不仅可以为农民自己的贷款提供担保，还可以为他人的贷款提供担保。

2019 年 1 月 3 日，《中共中央、国务院关于坚持农业农村优先发展做好“三农”工作的若干意见》再次强调要深化农村土地制度改革，健全土地流转规范管理制度，发展多种形式农业适度规模经营，允许承包土地的经营权担保融资。有《农村土地承包法》为法律依据，有国家政策的大力支持，有试点地区积累的经验，土地经营权担保融资必将进一步放开，为农民经营、农业生产提供更为有效的金融支持。

## 第二节　宅基地与房屋

### 1　村民申请宅基地需要具备哪些条件？

为节约利用土地资源，我国《土地管理法》第六十二条第一款规定，“农村村民一户只能拥有一处宅基地，其宅基地的面积不得超过省、自治区、直辖市规定的标准”。也就是说，农村村民以户为单位，一户只能申请一处宅基地，即所说的“一户一宅”，这是农民申请宅基地的一个基本原则。需要说明的是，一处宅基地并不是指一宗地，一处宅基地也可以分为两处或多处，但面积应累计计算，不得超过规定标准。

由于我国地域广阔，人们的生活习惯和自然条件差异很大，故《土地管理法》及其实施条例均未对宅基地的面积、申请条件、划拨程序等作出具体规定，而是授权给各省、自治区、直辖市人民政府，由其根据当地情况作出具体规定，因此各省、自治区、直辖市对宅基地的相关规定不尽相同，具体可以查看各省、自治区、直辖市出台的土地管理法实施办法或其他相关规定。

以河南省为例，根据河南省人大常委会制定的《河南省实施〈土地管理法〉办法》第五十三条、第五十四条的规定，在河南省划拨宅基地的面积标准为：（1）城镇郊区和人均耕地667平方米以下的平原地区，每户用地不得超过134平方米；（2）人均耕地667平方米以上的平原地区，每户用地不得超过167平方米；（3）山区、丘陵区每户用地不得超过200平方米，占用耕地的适用该款第一项、第二项的规定。河南省农村村民申请宅基地应当具备以下条件：（1）农村村民户无宅基地的；（2）农村村民户，除父母身边留一子女外，其他成年子女确需另立门户而已有的宅基地低于分户标准的；（3）回乡落户的离休、退休、退职的干部职工、复退军人和回乡定居的华侨和港、澳、台同胞，需要建房而无宅基地的（符合第二项的除外）；（4）原宅基地影响村镇建设规划，需要收回而又无宅基地的。

需要注意的是，《土地管理法》第六十二条同时规定，农村村民出卖、出租、赠与住宅后，再申请宅基地的，不予批准。该条规定将限制农村村民通过上述方式变相实现一户多宅，突破一户只能有一处宅基地的基本原则。同时，村民因继承或接受赠与取得住宅，原则上不得翻建，在房屋损毁后，房屋占用范围内的宅基地应当退回村集体经济组织。

## 2 农村村民申请宅基地、动工建房的审批程序有哪些?

根据新修订的《土地管理法》第六十二条的规定，农村村民住宅用地，由乡（镇）人民政府审核批准；其中，涉及占用农用地的，依法办理农用地转用审批手续，该条同时规定农村宅基地管理工作由农业农村主管部门负责。2021 年 9 月 1 日施行的《土地管理法实施条例》第三十四条规定，农村村民申请宅基地的，应当以户为单位向农村集体经济组织提出申请；没有设立农村集体经济组织的，应当向所在的村民小组或者村民委员会提出申请。宅基地申请依法经农村村民集体讨论通过并在本集体范围内公示后，报乡（镇）人民政府审核批准。为简化审批手续，《农业农村部、自然资源部关于规范农村宅基地审批管理的通知》规定，符合宅基地申请条件的农村村民，应按以下程序申请宅基地、建房规划许可并开工建设：

（1）符合条件的农户提出申请，由所在的村民小组或村民委员会审查后，报送乡镇政府。

符合宅基地申请条件的农户，以户为单位向所在村民小组提出宅基地和建房（规划许可）书面申请。村民小组收到申请后，提交村民小组会议讨论，并将申请理由、拟用地位置和面积、拟建房层高和面积等情况在本小组范围内公示。公示无异议或异议不成立的，村民小组将农户申请、村民小组会议记录等材料交村集体经济组织或村民委员会（统称村级组织）审查。村级组织重点审查提交的材料是否真实有效、拟用地建房是否符合村庄规划、是否征求了用地建房相邻权利人意见等。审查通过的，由村级组织签署意见，报送乡镇政府。没有分设村民小组或宅基地和建房申请等事项已统一由村级组织办理的，农户直接向村级组织提出申请，经村民代表会议讨论通过并在本集体经济组织范围内公示后，由村级组织签署意见，报送乡镇政府。

（2）行政机关依法进行审批。

乡镇政府在收到宅基地和建房（规划许可）申请后，及时组织农业农村、自然资源部门到现场实地勘察。农业农村部门审查申请人是否符合申请条件、拟用地是否符合宅基地布局要求和面积标准、宅基地和建房（规划许可）申请是否经过村组审核公示等，并提出审批建议。自然资源部门审查用地建房是否符合国土空间规划、用途管制要求，其中涉及占用农用地的，是否办理农用地转用审批手续，符合条件的核发《乡村建设规划许可证》。根据各部门联审结果，由乡镇政府对农民宅基地申请进行审批，出具《农村宅基地批准书》。

（3）开工前申请确定建房位置，建成后申请验收。

经批准用地建房的农户，应当在开工前向乡镇政府或授权的牵头部门申请划定宅基地用地范围，并在乡镇政府组织农业农村、自然资源等部门到现场进行开工查验，实地丈量批放宅基地，确定建房位置后，即可开工建设。

农户建房完工后，乡镇政府组织相关部门进行验收，实地检查农户是否按照批准面积、四至等要求使用宅基地，是否按照批准面积和规划要求建设住房，并出具《农村宅基地和建房（规划许可）验收意见表》。通过验收的农户，可以向不动产登记部门申请办理不动产登记。

## 3 农村村民在宅基地上建设的房屋如何办理不动产证登记？

《民法典》第二百零九条规定，不动产物权的设立、变更、转让和消灭，经依法登记，发生效力。第二百一十七条规定，不动产权属证书是权利人享有该不动产物权的证明。农村村民经批准建成的房屋，是农村村民最主要的不动产，为更好的维护自己的财产权益，农村村民应当根据《不动产登记暂行条例》《不动产登记暂行条例实施细则》以及自然资源部、农业农村部发布的相关政策办理不动产登记，取得不动产权证书。

《不动产登记暂行条例》规定，农村村民依法建成房屋后，应申请首次登记。《不动产登记暂行条例实施细则》第四十一条规定，申请宅基地使用权及房屋所有权首次登记的，应当提交下列材料：（1）申请人身份证和户口簿；（2）不动产权属证书或者有批准权的人民政府批准用地的文件等权属来源材料；（3）房屋符合规划或者建设的相关材料；（4）权籍调查表、宗地图、房屋平面图以及宗地界址点坐标等有关不动产界址、面积等材料；（5）其他必要材料。

从 2011 年始，多个国务院职能部门多次联合发文，要求进一步为加快农村宅基地和集体土地确权登记工作。2020 年《自然资源部关于加快宅基地和集体建设用地使用权确权登记工作的通知》要求，各地要以未确权登记的宅基地和集体建设用地为工作重点，按照不动产统一登记要求，加快地籍调查，对符合登记条件的办理房地一体不动产登记。该通知同时要求，充分发挥乡村基层组织作用，按照房地一体要求，统一确权登记、统一颁发证书，努力提高登记率。市、县自然资源主管部门可会同乡（镇）人民政府、村委会，组织群众以行政村为单位，统一申请登记，实现批量受理、集中办证。根据该通知要求，建成房屋的农村村民可以准备好产权登记的相关资料，由所在村委会集中办理房地一体的不动产权证。

## 4 城镇居民在农村取得的房产能否依法登记，取得不动产权证？

城镇居民在农村的房产能否办理登记，并取得不动产权证，可分为以下几种情形：

（1）城镇居民原属农村村民后进城落户，其原先合法取得的宅基地使用权以及建设的房屋可以登记，并取得不动产权证。

根据2016年《国土资源部关于进一步加快宅基地和集体建设用地确权登记发证有关问题的通知》的规定，农民进城落户后，其原合法取得的宅基地使用权应予以确权登记。在该宅基地建设的房屋，可根据《不动产登记暂行条例》及其实施细则的规定，办理房地一体的不动产权证。

（2）城镇居民原在农村已经合法取得的宅基地及房屋，可以登记，并取得不动产权证。

2011年原国土资源部、中央农村工作领导小组办公室、财政部、原农业部《关于农村集体土地确权登记发证的若干意见》规定，非农业户口居民原在农村合法取得的宅基地及房屋，房屋产权没有变化的，经该农民集体出具证明并公告无异议的，可依法办理土地登记。2016年《国土资源部关于进一步加快宅基地和集体建设用地确权登记发证有关问题的通知》要求，1999年《土地管理法》修订实施前，非农业户口居民（含华侨）合法取得的宅基地或因合法取得房屋而占用的宅基地可以确权登记。2020年《自然资源部关于加快宅基地和集体建设用地使用权确权登记工作的通知》要求，不动产统一登记制度实施前，各历史阶段颁发的宅基地和集体建设用地使用权证书继续有效，对有房地一体不动产登记需求的，完成地上房屋补充调查后办理登记。

（3）城镇居民因继承、赠与合法取得的房产可以登记，并取得不动产权证。

2011年原国土资源部、中央农村工作领导小组办公室、财政部、原农业部《关于农村集体土地确权登记发证的若干意见》规定，已拥有一处宅基地的本农民集体成员、非本农民集体成员的农村或城镇居民，因继承房屋占用农村宅基地的，可按规定登记发证。2016年《国土资源部关于进一步加快宅基地和集体建设用地确权登记发证有关问题的通知》要求，历史上接受转让、赠与房屋可以确权登记。2020年《自然资源部关于加快宅基地和集体建设用地使用权确权登记工作的通知》要求，原颁发的宅基地使用权证继续有效，并可在完成地上房屋补充调查后办理房地一体不动产权证。

（4）城镇居民在农村购买宅基地、农民住宅、“小产权房”的，不得登记，无法取得不动产权证。

2011 年原国土资源部、中央农村工作领导小组办公室、财政部、原农业部《关于农村集体土地确权登记发证的若干意见》规定，农村集体经济组织非法出让或出租集体土地用于非农业建设、城镇居民在农村购置宅基地、农民住宅或“小产权房”等违法用地，不得登记发证。2020 年《自然资源部关于加快宅基地和集体建设用地使用权确权登记工作的通知》要求，对乱占耕地建房、违反生态保护红线管控要求建房、城镇居民非法购买宅基地、小产权房等，不得办理登记，不得通过登记将违法用地合法化。

## 5 农村村民建住宅应当符合哪些条件？

根据《土地管理法》第六十二条规定，农村村民建住宅，应当符合乡（镇）土地利用总体规划、村庄规划，不得占用永久基本农田，并尽量使用原有的宅基地和村内空闲地。编制乡（镇）土地利用总体规划、村庄规划应当统筹并合理安排宅基地用地，改善农村村民居住环境和条件。为促进农村土地资源的合理利用，农村村民建住宅应当符合以下条件。

（1）应当符合乡（镇）土地利用总体规划、村庄规划。根据《土地管理法》第十五条规定，各级人民政府应当依据国民经济和社会发展规划、国土整治和资源环境保护的要求、土地供给能力以及各项建设对土地的需求，组织编制土地利用总体规划。乡（镇）土地利用总体规划是乡（镇）政府对本辖区内的土地利用编制的总体规划，村民住宅建设占用的宅基地，作为乡（镇）土地利用的一部分，应当符合乡（镇）土地利用总体规划。

村庄规划由乡、镇人民政府组织编制，经村民会议或者村民代表会议讨论同意后，报上一级人民政府审批。根据《城乡规划法》第十八条的规定，村庄规划的内容包括：规划区范围，住宅、道路、供水、排水、供电、垃圾收集、畜禽养殖场所等农村生产、生活服务设施、公益事业等各项建设的用地布局、建设要求，以及对耕地等自然资源和历史文化遗产保护、防灾减灾等的具体安排。农民住宅作为村庄规划的一部分，应当符合村庄规划要求。

（2）不得占用永久基本农田。永久基本农田作为我国粮食安全的保障，依法划定后，任何单位和个人不得擅自占用或者改变其用途。国家能源、交通、水利、军事设施等重点建设项目选址确实难以避让永久基本农田，涉及农用地转用或者土地征收的，必须经国务院批准才能占用。

（3）尽量使用原有宅基地和村内空闲地。为节约利用土地，盘活农村闲置宅基地，农村住宅建设应尽量先使用原有宅基地和村内空闲地，确需使用农用地的，应当先行办理农用地转用手续。同时，为了盘活农村闲置宅基地，《土地管理法》第六十二条规定，进城落户的农村村民可以自愿有偿退出宅基地，鼓励农村集体经济组织及其成员盘活利用闲置宅基地和闲置住宅。

（4）需经有关人民政府批准。根据《城乡规划法》第四十一条的规定，建设单位或者个人在取得乡村建设规划许可证后，方可办理用地审批手续。《土地管理法》第六十二条规定，农村村民住宅用地，由乡（镇）人民政府审核批准；其中，涉及占用农用地的，依法办理农用地转用审批手续。国家为更好落实2019年修正的《土地管理法》，进一步加强部门协作配合，2019年《农业农村部、自然资源部关于规范农村宅基地审批管理的通知》要求，建立农村宅基地用地建房联审联办制度，宅基地审批与村民住宅规划许可审批实行一表申请、合并办理，根据各部门联审结果，由乡镇政府出具《农村宅基地批准书》，从而简化手续，方便群众。

## 6 农村宅基地能否继承?

宅基地通常指农户所有的房屋、院落、厕所等占用的土地。《土地管理法》第九条规定，宅基地属于农民集体所有，该条规定的是宅基地所有权，属于集体所有。该法第六十二条规定，符合条件的农户经申批可取得一处宅基地，并有权在该宅基地上建设住宅，该条规定的是获得批准的农户因申批取得了宅基地的使用权。如张庄村委会的张三经申批取得了一处宅基地，张庄村委会对该宅基地享有的是所有权，张三享有的是使用权。

宅基地的所有权不能继承。《民法典》第一千一百二十二条规定，遗产是自然人死亡时遗留的个人合法财产。而宅基地属于集体所有，并非村民的个人财产，不属于遗产的范畴，故宅基地所有权不能继承。宅基地使用权可以继承。首先，根据《土地管理法》第六十二条，农村村民申请宅基地是以户为单位申请的，宅基地使用权属于该户所有成员，只要该户仍有本集体经济组织或村委成员，其享有的宅基地使用权依然存在，不存在继承问题。其次，如果该户已无本集体经济组织或村委成员，或其他成员已分户并另行取得了宅基地使用权，被继承人的房屋及其附属设施，属被继承人个人所有的合法财产，依法由其继承人继承，根据“地随房走”的原则，该房屋占用范围内的宅基地由其继承人继续占有使用。2020 年 9 月 9 日，自然资源部等七部委对“十三届全国人大三次会议第 3226 号建议”的答复，明确了农民的宅基地使用权可以依法由城镇户籍的子女继承并办理不动产登记。但是需要注意的是，其继承人不得对继承的房屋进行翻修、改建、扩建，住宅毁损、灭失后，该宅基地使用权由村集体经济组织或村委收回。

## 7 农民在宅基地上建设的房屋能否对外转让?

农村村民可以将自己在宅基地上建设的房屋转让给本集体经济组织中符合宅基地使用条件的集体成员。

(1)农村村民不能将房屋转让给本集体经济组织之外的成员以及城镇居民。《土地管理法》第九条规定宅基地属于农民集体所有。农户基于自身属于本集体经济组织成员,经申请无偿取得宅基地使用权,从而在批准的宅基地上建造房屋。非本集体经济组织的成员,则不享有该权利,不能在该集体经济组织中取得宅基地使用权。农村村民虽然对宅基地上建造的房屋享有所有权,但对宅基地仅有使用权并无所有权,故其无权将房屋转让给本集体经济组织之外的人。

(2)农村村民不能将房屋转让给本集体经济组织中,不符合宅基地使用条件的成员。《土地管理法》第六十二条第一款规定:"农村村民一户只能拥有一处宅基地,且宅基地面积不得超过省、自治区、直辖市规定的标准。"如果将房屋转让给不符合宅基地使用条件的村民,将会出现一户多宅、宅基地面积超标准,或其他违反宅基地使用规定的情形。因此,农村村民不能将房屋转让给不符合宅基地使用条件的本集体经济组织的成员。

《不动产登记暂行条例》第二十二条规定:"登记申请有下

列情形之一的，不动产登记机构应当不予登记，并书面告知申请人：（一）违反法律、行政法规规定的；（二）存在尚未解决的权属争议的；（三）申请登记的不动产权利超过规定期限的；（四）法律、行政法规规定不予登记的其他情形。”如果村民将宅基地上的房屋转让给前述人员，因该转让行为违反了《土地管理法》关于宅基地使用权的相关规定，将无法办理产权登记，双方的权益也将无法得到有效维护。

综上，若村民确需转让其在宅基地上建设的房屋，可以转让给本集体经济组织中，符合宅基地申请条件的其他成员。同时需要强调一点，根据《土地管理法》六十二条的规定，农村村民出卖、出租、赠与住宅后，再申请宅基地的，不予批准。

## 8　村民发现不动产权证登记错误该怎么办?

不动产权属证书记载事项通常与不动产登记簿记载事项一致，如果不一致，根据《民法典》第二百一十七条的规定，除有证据证明不动产登记簿确有错误外，以不动产登记簿为准。

农村村民经过宅基地确权登记后，领取了不动产权证，如果发现不动产权证登记错误，应尽快与不动产登记簿核对，并提起更正登记申请、异议登记申请，解决相关问题。

（1）申请更正登记。

《民法典》第二百二十条第一款规定："权利人、利害关系人认为不动产登记簿记载的事项错误的，可以申请更正登记。不动产登记簿记载的权利人书面同意更正或者有证据证明登记确有错误的，登记机构应当予以更正。"

更正登记是对不动产登记簿上的记载错误、疏漏等瑕疵进行改正补充的行为。比如，张三的产权证中名字错写成了张小三，张小三这个人根本不存在，或者虽有张小三这个人，但张小三也认为是登记错了，如果不动产权证上记载的姓名、面积、坐落等信息出现错误或疏漏，均可申请更正登记。

根据《不动产登记暂行条例实施细则》第七十九条的规定，权利人申请更正登记的应当提交下列材料：①不动产权属证书；②证实登记确有错误的材料；③其他必要材料。利害关系人申请更正登记的，应当提交利害关系材料、证实不动产登记簿记载错误的材料以及其他必要材料。

根据该实施细则第八十条的规定，不动产登记机构经审查，认为不动产登记簿记载确有错误的应当予以更正，但涉及的不动产已经办理权利处分的登记、预告登记和查封登记的除外。属填制错误的及时办理更正登记，需要换发新证的，通知权利人换发新证。没有错误的，不予更正。

当然登记机构发现不动产登记错误，也可以依法进行更正登记。

（2）申请异议登记。

登记簿记载的权利人不同意更正，通常意味着双方存在争议，此时，利害关系人可根据《民法典》第二百二十条的规定申请异议登记。比如，张三认为不动产错登在张小三名下，张小三却认为该不动产本来就是自己的。作为登记机关，无权对双方之间的权属争议作出裁决，此时张三应作为利害关系人提起异议登记，并根据《不动产登记暂行条例实施细则》第八十二条的规定提交下列材料：①证实对登记的不动产权利有利害关系的材料；②证实不动产登记簿记载的事项错误的材料；③其他必要材料等。

根据该实施细则第八十三条的规定，不动产登记机构受理异议登记申请的，应当将异议事项记载于不动产登记簿，并向申请人出具异议登记证明。

此时，利害关系人虽取得异议登记证明，但并非万事大吉，而应在异议登记之日起十五日内提起诉讼或仲裁，并向登记机构提交诉讼或仲裁的立案证明，否则异议登记失效。异议登记失效后，申请人就同一事项以同一理由再次申请异议登记的，不动产登记机构不予受理。

申请人通过诉讼或仲裁，由法院或仲裁机构依法对争议的不动产权属作出裁决，不动产登记机构依据生效的裁决结果决定对登记簿记载事项是否更正。也就是说，张三提出异议登记申请后，应向法院起诉张小三，要求确认该房产归自己所有，法院经过审理最终判决该房产属于张三，登记机构根据该判决作出更正登记。

## 第三节　集体土地征收

### 1　征收农村集体土地应当具备哪些条件？

《宪法》第十条第三款规定，国家为了公共利益的需要，可以依照法律规定对土地实行征收或者征用并给予补偿。该规定确立了土地征收、征用制度。《土地管理法》第二条规定，为了公共利益的需要，依法对土地实行征收或征用并给予补偿。根据宪法及相关法律的规定，征收集体所有的土地必须具备以下几个条件。

（1）征收的主体是国家。

根据《宪法》第十条的规定，只有国家才能成为土地征收的主体，并由行使土地征收职能的各级人民政府，代表国家具体行使征收的权利。

（2）征收集体土地必须是确需为了公共利益的需要。

征收是以国家的名义强制性地取得他人的财产所有权，征收必须是为了公共利益的需要，且必须有明确充分的理由。故《土地管理法》第四十五条规定，“为了公共利益的需要，有下列情形之一，确需征收农民集体所有的土地的，可以依法实施征收：（一）军事和外交需要用地的；（二）由政府组织实施的能源、交通、水利、通信、邮政等基础设施建设需要用地的；（三）由政府组织实施的科技、教育、文化、卫生、体育、生态环境和资源保护、防灾减灾、文物保护、社区综合服务、社会福利、市政公用、优抚安置、英烈保护等公共事业需要用地的；（四）由政府组织实施的扶贫搬迁、保障性安居工程建设需要用地的；（五）在土地利用总体规划确定的城镇建设用地范围内，经省级以上人民政府批准由县级以上地方人民政府组织实施的成片开发建设需要用地的；（六）法律规定为公共利益需要可以征收农民集体所有的土地的其他情形。前款规定的建设活动，应当符合国民经济和社会发展规划、土地利用总体规划、城乡规划和专项规划；第（四）项、第（五）项规定的建设活动，还应当纳入国民经济和社会发展年度计划；第（五）项规定的成片开发并应当符合国务院自然资源主管部门规定的标准”。

（3）征收集体的土地必须依照法律规定的权限及程序进行。

根据《民法典》第二百四十三条的规定，征收集体所有的土地应当严格依照法律规定的权限和程序进行，第二百四十四条再次强调，不得违反法律规定的权限和程序征收集体所有的土地。《土地管理法》第四十六条规定了征收土地审批机关的权限，第四十七条规定了征收土地的实施程序及相关规定。任何征收集体土地的行政行为均应当根据法律规定的权限及程序进行，否则，该征收行为即属于违法征收。

（4）征收集体土地必须给予合理的补偿。

《宪法》第十三条确立了征收补偿制度。《土地管理法》第四十八条规定，征收土地应当给予公平、合理的补偿，保障被征地农民原有的生活水平不降低，长远生计有保障，同时规定了征收地补偿的项目及标准等相关内容。故征收集体所有的土地应当依法对被征地农民进行补偿。

## 2　征收集体土地应当由哪些部门批准？

国家征收集体土地，必须由符合法律规定的机关依职权、依法定程序予以批准。征收集体土地根据土地的性质可以分为三类，一是征收永久基本农田，二是征收永久基本农田之外的耕地，三是征收耕地之外的其他土地。根据《土地管理法》第四十六条的规定，征收永久基本农田；永久基本农田以外的耕地超过35公顷的；其他土地超过70公顷的由国务院批准，前款规定以外的土地由省、自治区、直辖市人民政府批准。该条同时规定，如果征收的土地为农用地的，应当先行办理农用地转用审批，即将农业用地根据土地利用总体规划，经过审批后转为建设用地。

《土地管理法》第四十四条规定，对农用地转为建设用地，可以分为永久基本农田和永久基本农田之外的农用地两种情形。将永久基本农田转为建设用地的，必须由国务院批准。同时，根据《土地管理法》第四十六条的规定，征收永久基本农田的，由国务院批准是否征收。将永久性基本农田之外的农用地转为建设用地的，根据该农用地是否包含在土地利用总体规划确定的城市和村庄、集镇建设用地规模范围内决定审批机关。包含在该范围内的，为实施土地利用总体规划而将农用地转为建设用地的，按土地利用年度计划分批次由原批准土地利用总体规划的机关或其授权的机关批准，在已批准的农用地转用范围内，具体建设项目用地可以由市、县人民政府批准；不包含在该范围内的，由国务院或者国务院授权的省、自治区、直辖市人民政府批准。

根据前述规定，完成农用地转用审批后，原农村集体所有的农业用地已转为建设用地。为简化手续，提高效率，《土地管理法》第四十六条第三款规定，经国务院批准农用地转用的，同时办理征地审批手续，不再另行办理征地审批；经省、自治区、直辖市人民政府在征地批准权限内批准农用地转用的，同时办理征地审批手续，不再另行办理征地审批，即农用地转用批准权和征收土地批准权同属省级政府，由省级政府同时办理。超过征地批准权限的，需另行办理征地审批手续，也就是说省政府享有农用地转用批准权，但没有征地审批权，此时应先由省级政府办理农用地转用审批手续，然后报送国务院办理征地审批手续。

## 3　征收农村集体土地前，是否必须与被征地农民签订补偿、安置协议？

根据2019年8月26日修正的《土地管理法》第四十七条，以及2021年9月1日施行的《土地管理法实施条例》第二十六条的规定，县级以上地方各级人民政府拟申请征收土地的，应当做好以下几个方面的前期准备工作：

（1）发布征收土地预公告。预公告应当包括征收范围、征收目的、开展土地现状调查的安排等内容，并应当采用有利于社会公众知晓的方式，在拟征收土地所在的乡（镇）和村、村民小组范围内发布，且公告时间不少于十个工作日。

（2）土地现状调查。通过土地现状调查，查明土地的位置、权属、地类、面积，以及农村村民住宅、其他地上附着物和青苗等的权属、种类、数量等情况，为土地征收做准备。

（3）社会稳定风险评估。通过对拟征收土地的社会稳定风险状况进行综合研判，确定风险点，提出风险防范措施和处置预案。社会稳定风险评估应当有被征地的农村集体经济组织及其成员、村民委员会和其他利害关系人参加，评估结果是申请征收土地的重要依据。

（4）拟定征地补偿安置方案。县级以上地方人民政府应当依据社会稳定风险评估结果，结合土地现状调查情况，组织自然资源、财政、农业农村、人力资源和社会保障等有关部门拟定征地补偿安置方案。征地补偿安置方案应当包括征收范围、土地现状、征收目的、补偿方式和标准、安置对象、安置方式、社会保障等内容。

（5）发布土地征收公告。征地补偿安置方案拟定后，县级以上地方人民政府应当在拟征收土地所在的乡（镇）和村、村民小组范围内公告，并认真听取被征地的农村集体经济组织及其成员、村民委员会和其他利害关系人的意见。征地补偿安置方案的公告时间不少于三十日，并应当同时载明办理补偿登记的方式和期限、异议反馈渠道等内容。

（6）适时召开土地补偿方案听证会。如果多数被征地的农村集体经济组织成员认为拟定的征地补偿安置方案不符合法律、法规规定的，县级以上地方人民政府应当组织召开听证会，并根据法律、法规的规定和听证会等情况决定是否修改征地补偿安置方案。

（7）补偿登记。拟征收土地的所有权人、使用权人应当在土地征收公告规定期限内，持不动产权属证明材料办理补偿登记。

（8）签订补偿、安置协议并落实相关费用。县级以上地方人民政府应当组织有关部门测算并落实有关费用，保证足额到位，并与拟征收土地的所有权人、使用权人就补偿、安置等签订协议，个别确实难以达成协议的，应当在申请征收土地时如实说明。

县级以上地方人民政府只有在完成前述 8 项征地前期工作后，方可提出征地申请。也就是说，从 2019 年 8 月 26 日《土地管理法》修正后，征收农村集体土地前，应与被征地农民签订补偿、安置协议。需要注意的是，2019 年修正的《土地管理法》并未要求县级以上地方政府必须与全部拟征收土地的农民达成补偿、安置协议，确有个别难以达成协议的，县级以上地方政府在提出征地申请时如实说明即可。也就是说，个别农民未签订补偿、安置协议的，并不影响县级以上地方政府依法提出征地申请。

在征地方案依照法定程序批准后，个别未签订补偿、安置协议的被征地农民，可选择继续按经批准的征地方案享受权利，或依法提起行政复议、行政诉讼等主张权利。（详见本节第 6 问“被征地农民对征地补偿安置方案有异议时，该怎么办?”）

## 4 征收集体所有的土地，可以获得哪些补偿？

《宪法》第十三条确立了征收补偿的基本原则。《土地管理法》第四十八条进一步确立了征收补偿不仅要公平合理，还要保障被征地农民原有生活水平不降低、长远生计有保障的原则，强化了对被征地农民的权益的保护。根据该条规定，征收农民集体所有的土地，应支付土地补偿费、安置补助费以及农村村民住宅、其他地上附着物和青苗等的补偿费用，并安排被征地农民的社会保障费用。因此农村集体土地被征收，可以获得以下补偿：

（1）征收农用土地补偿费、安置补助费。根据《土地管理法》第四十八条的规定，征收农用地的土地补偿费、安置补助费标准由省、自治区、直辖市通过制定公布区片综合地价确定。同时规定制定区片综合地价应当综合考虑土地原用途、土地资源条件、土地产值、土地区位、土地供求关系、人口以及经济社会发展水平等因素，并至少每三年调整或者重新公布一次。2019年12月9日，自然资源部办公厅发布了《关于加快制定征收农用地区片综合地价工作的通知》，对区片综合地价的制定作出了详细具体的规定。

（2）农用地以外的其他土地的补偿。该类土地主要是指未利用地，以及包括宅基地在内的其他农村集体建设用地等，该类土地的补偿标准由省、自治区、直辖市制定。

（3）地上附着物补偿和青苗补偿。地上附着物通常是指建设或建造在土地上的，依附于土地的房屋、水渠、水井、道路等建筑物、构筑物。青苗则是指土地上未收获的水稻、玉米、小麦等未成熟的农作物。根据《土地管理法》第四十八的规定，对地上附着物补偿和青苗补偿标准，由省、自治区、直辖市制定。该条特别强调征收农民住宅的，应当按照先补偿后搬迁、居住条件有改善的原则，尊重农村村民意愿，采取重新安排宅基地建房、提供安置房或者货币补偿等方式给予公平、合理的补偿，并对因征收造成的搬迁、临时安置等费用予以补偿，保障农村村民居住的权利和合法的住房财产权益。

（4）社会保障费用。《社会保险法》第九十六条规定，征收农村集体所有的土地，应当足额安排被征地农民的社会保险费，按照国务院规定将被征地农民纳入相应的社会保险制度。《土地管理法》第四十八条规定，县级以上地方人民政府应当将被征地农民纳入相应的养老等社会保障体系。被征地农民的社会保障费用主要用于符合条件的被征地农民的养老保险等社会保险缴费补贴。该条同时规定，被征地农民社会保障费用的筹集、管理和使用办法，由省、自治区、直辖市制定。

需要特别注意的是，大中型水利、水电工程建设征收土地的补偿费标准和移民安置办法，不适用《土地管理法》的规定，应当根据国务院颁布的《大中型水利水电工程建设征地补偿和移民安置条例》确定被征地农民的补偿费标准和安置办法。

## 5 征收集体土地取得的补偿款应当如何分配?

《土地管理法》第四十八条规定，征收集体的土地应当支付土地补偿费、安置补助费和农村村民住宅、其他地上附着物和青苗等的补偿费用，这些因土地征收而取得的各项补偿费用应当依法分配、使用。

（1）土地补偿费。土地补偿费用是集体土地被征收向集体经济组织支付的土地补偿款，该款属于集体经济组织全体成员共同所有，由集体经济组织代为管理，根据2021年9月1日起施行的《土地管理法实施条例》第三十二条的规定，土地补偿费的分配办法由省、自治区、直辖市制定，故土地补偿费应根据所在省、自治区、直辖市制定的具体办法进行分配。同时《土地管理法》第四十九规定，被征地的农村集体经济组织应当将征收土地的补偿费用的收支状况向本集体经济组织的成员公布，接受监督。禁止侵占、挪用被征收土地单位的征地补偿费用和其他有关费用。该规定充分保障广大成员对征地补偿款分配使用情况的知情权、监督权。

（2）安置补助费。根据2021年9月1日起施行的《土地管理法实施条例》第三十二条的规定，安置补助费同样应根据所在省、自治区、直辖市制定的具体办法进行分配。且安置补偿费必须专款专用，不得挪作他用。

（3）青苗补偿费、地上附着物补偿费。根据《土地管理法实施条例》第三十二条的规定，地上附着物及青苗补偿费归地上附着物及青苗的所有者所有。

（4）征地农民的社会保障费用。根据《土地管理法》《社会保险法》等相关规定，该部分费用支付到社会保险机构，为被征地农民办理社会养老保险等社会保险缴费补贴。

同时，根据《民法典》第三百三十八条规定，承包地被征收的，土地承包经营权人有权获得相应补偿。

## 6 被征地农民对征地补偿安置方案有异议时，该怎么办？

农村集体土地被征收，由县级以上地方各级政府组织对被征地农民的补偿及安置制订具体方案，并进行公示。如果被征地农民对补偿安置方案有异议，可以通过以下几种方式解决。

（1）在征地补偿安置方案公示期内提出异议。

《土地管理法》第四十七条规定，县级以上地方人民政府应当将征收范围、土地现状、征收目的、补偿标准、安置方式和社会保障等在拟征收土地所在的乡（镇）和村、村民小组范围内公告至少三十日。在公告期内，被征地的农村集体经济组织及其成员、村民委员会和其他利害关系人均可提出自己的意见和建议。

（2）在听证期间提出异议。

《土地管理法》第四十七条规定，如果多数被征地的农村集体经济组织成员认为征地补偿安置方案不符合法律、法规规定的，县级以上地方人民政府应当组织召开听证会，并根据法律、法规的规定和听证会情况修改方案。此时，被征地农民可在听证程序中充分表达自己的意愿，如果征地补偿安置方案不符合法律、法规的规定，县级以上地方人民政府应当依法予以修改，使征地补偿安置方案既符合规定，也为大多数被征地农民接受。

（3）提起行政诉讼。

征地补偿安置方案最终确定后，被征地的农村集体经济组织成员应当根据该方案签订补偿安置协议。对个别未签订协议的集体经济组织成员，县级以上地方人民政府将根据《土地管理法实施条例》第三十一条的规定，作出征地补偿安置决定，并组织实施。如果该集体经济组织成员对征地补偿安置决定不服，可以根据《行政诉讼法》第十二条、第十八条的规定，向作出征地补偿安置决定的人民政府所在地的人民法院提起行政诉讼，应当经复议的案件，也可以向复议机关所在地人民法院提起行政诉讼。至于对征地补偿安置决定不服能否提起行政复议，需待立法机关进一步明确。

## 7 农村村民住宅被征收时，应当如何补偿？

根据《土地管理法》第四十八条的规定，征收农用地以外的其他土地、地上附着物和青苗等的补偿标准，由省、自治区、直辖市制定。对其中的农村村民住宅，应当按照先补偿后搬迁、居住条件有改善的原则，尊重农村村民意愿，采取重新安排宅基地建房、提供安置房或者货币补偿等方式给予公平、合理的补偿，并对因征收造成的搬迁、临时安置等费用予以补偿，保障农村村民居住的权利和合法的住房财产权益。

住宅作为农民最主要的财产，且涉及农民基本权益居住权的保障，故 2019 年修正的《土地管理法》对农村村民住宅的征收补偿作出了专门规定。同时，中国面积广博，人口分布及土地资源状况差别很大，《土地管理法》并未对征收农村村民住宅的补偿标准作出统一规定，而是授权省、自治区、直辖市根据各自的不同情况自行制定。因此不同省市对农村村民住宅征收的补偿标准会有所不同，但补偿安置的原则、方式方法等均应符合《土地管理法》第四十八条的规定，切实保护农民的合法权益。

（1）征收农村村民住宅的安置原则。

①先补偿后搬迁原则。根据《土地管理法》第四十七条的规定，签订补偿安置协议前，县级以上地方人民政府应当并落实有关费用，保证足额到位。第四十八条规定了先补偿后搬迁原则，让住宅被征收的农民先拿到补偿，再进行搬迁，避免在没有拿到补偿时房屋就被拆除，被迫陷入居无定所的境地。

②居住条件有改善的原则。该原则要求拟征地的地方政府在制订并实施补偿安置方案时，对住宅被征收的农村村民的补偿安置要高于原有居住条件。如果多数被征地农民认为政府制订的补偿安置方案未能达到居住条件有改善的标准，可以根据《土地管理法》第四十七条的规定对补偿安置方案提出异议并要求修改。制订征地补偿安置方案的地方政府应当举行听证，确实未实现居住条件有改善的，应当依法修改征地补偿安置方案。

（2）征收农村村民住宅的安置方式。

《土地管理法》第四十八条规定了重新安排宅基地建房、提供安置房、货币补偿三种补偿方式。在宅基地用地指标充裕的地区可采用重新安排宅基地建房的方式进行补偿；宅基地用地指标紧张的地区，可以采用建设安置用房的方式集中安置补偿；已有其他住宅，不需要提供住房的可以采用货币补偿的方式，不论采用何种安置方式，均应充分尊重被征地村民的意愿。需要说明是，在补偿安置方案设定前，被征地农民应当充分表达自己的意愿，在补偿安置方案依法最终确定后，被征地农民应当根据已确定的补偿安置方案选择补偿方式。

（3）补偿的范围。

根据《土地管理法》第四十八条的规定，对农村村民住宅进行征收的，除了对被征收的住宅及其附着物进行补偿，还应当对因征收造成的搬迁、临时安置等费用予以补偿，对于农民在房屋征收过程中产生的其他相关费用或受到的相关损失，也应当依法给予补偿，切实保障农村村民居住的权利和合法的住房财产权益。

## 第四节　集体土地保护

### 1　农村集体所有的土地应当如何登记，取得权利证书？

《土地管理法》第九条规定，农村和城市郊区的土地，除法律规定属于国家所有的外，属于农民集体所有；宅基地和自留地、自留山，属于农民集体所有。集体所有的土地属于本集体经济组织全体成员所有，由集体经济组织代为管理，这种管理不仅包括对土地的经营利用，也包括土地进行确权登记，取得土地权属证书。

（1）申请集体土地所有权确权登记。

农民集体所有的土地，由村集体经济组织或者村民委员会经营、管理；已经分别属于村内两个以上农村集体经济组织的农民集体所有的，由村内各该农村集体经济组织或者村民小组经营、管理；已经属于乡（镇）农民集体所有的，由乡（镇）农村集体经济组织经营、管理。对土地承担经营、管理责任的村民委员会、集体经济组织，应根据《不动产登记暂行条例》及其实施细则的规定，申请集体土地确权登记，取得集体土地所有权属证书。

根据 2011 年《关于农村集体土地确权登记发证的若干意见》的规定，农村集体土地所有权确权登记发证要覆盖到全部农村范围内的集体土地，包括属于农民集体所有的建设用地、农用地和未利用地。据此，农村集体土地所有权登记应包括属于本集体所有的全部土地。

（2）申请集体土地使用权登记。

农民集体所有的土地，可以依法确定给单位或者个人使用。使用土地的单位和个人，可以根据使用土地的类型，依法申请土地使用权登记。

①承包经营权登记。农村集体经济组织所有的耕地、林地、草地、滩涂以及其他依法用于农业的土地，采取农村集体经济组织内部的家庭承包，不宜家庭承包的“四荒”地，采取招标、拍卖、公开协商等方式承包，取得土地承包经营权。取得承包经营权的承包人，可以根据《不动产登记暂行条例》及其实施细则的规定进行登记，依法取得承包经营权证。承包经营权人将承包地流转给他人经营，流转经营期限为五年以上的，当事人还可以向登记机构申请土地经营权登记。

②宅基地使用权及房屋登记。依法取得宅基地使用权的村民，可以单独申请宅基地使用权登记，依法利用宅基地建造住房及其附属设施的，可申请办理房地一体的不动产所有权证。

③集体土地使用权及建筑物登记。依法取得集体建设用地使用权的，可以单独申请集体建设用地使用权登记，依法利用集体建设用地兴办企业，建设公共设施，从事公益事业的，可以申请办理房地一体的不动产所有权证。

《土地管理法》第十二条规定，依法登记的土地的所有权和使用权受法律保护，任何单位和个人不得侵犯。通过集体土地所有权、集体建设用地使用权、宅基地使用权、农村土地承包经营权以及土地经营权的确权登记，可以明确土地权属，确认土地权利，有利于集体土地的经营管理和农民利益的维护，也是农村集体经营性建设用地入市的前提与基础。

## 2 村民小组对土地所有权存在争议该怎么办?

《土地管理法》第十一条规定，农民集体所有的土地已经分别属于村内两个以上农村集体经济组织的农民集体所有的，由村内各该农村集体经济组织或者村民小组经营、管理。也就是说，农村集体土地已经分别属于各村民小组的，由各村民小组对土地进行经营管理，在土地确权登记时，应由村民小组提出登记申请，并确权登记到村民小组名下。如果在土地确权登记过程中，村民小组对土地权属发生了争议，应根据《土地管理法》第十四条的规定进行处理。

根据该条规定，在土地确权登记过程中，两个村民小组之间就土地权属发生争议，应按以下程序办理。

（1）协商解决。双方通过协商并最终达成协议，且该协议不违反法律规定的，应根据双方达成的协议确认土地权属，并进行集体土地所有权登记。

（2）申请人民政府进行处理。双方无法协商或协商后无法形成一致意见的，对土地权属发生争议的一方或双方，均可向争议土地所在地的县级自然资源行政主管部门申请调查处理。自然资源行政主管部门根据《土地权属争议调查处理办法》的规定受理案件，依法对争议土地进行调查，并可组织双方调解，达成协议的，制作调解书，生效的调解书具有法律效力，是土地登记的依据。调解未达成协议的，自然资源行政主管部门应及时提出调查处理意见，由人民政府作出处理决定。生效的处理决定作为土地权属登记的依据。

（3）提起诉讼。当事人对有关人民政府的处理决定不服的，应根据《土地管理法》第十四条的规定，自接到处理决定通知之日起三十日内，向人民法院起诉。由法院对争议土地权属纠纷进行审理，依法进行调解或判决，生效的判决书、调解书作为土地权属登记的依据。

土地权属存在争议尚未解决的，根据《不动产登记暂行条例》第二十二条的规定，不动产登记机构不予登记。土地权属已经解决的，当事人可持调解协议、人民法院的生效法律文书、人民政府的生效决定等申请不动产登记。

在土地所有权和使用权争议解决前，任何一方不得改变土地利用现状。

## 3 农民能否在自己承包的耕地上建设住宅？

我国从20世纪80年代开始实行农村土地承包制，第一轮承包期为十五年，基本于1997年前后到期，到期后延续三十年，第二轮约于2028年到期。根据《土地管理法》第十三条的规定，耕地承包期三十年，草地承包期三十年至五十年，林地承包期三十年至七十年，承包期届满后耕地再延长三十年，草地、林地依法相应延长。也就是说对于农民承包的土地，将会继续延长至2058年甚至更长。对自己承包经营的土地拥有数十年的承包经营期限，个别农民筹划在自己的承包地上建房盖屋，甚至有个别农民将自己承包的耕地或林地转让给他人建设农庄别院。不论承包的土地属于林地、草地、还是耕地，原承包的土地只能用于农业生产，不能改变土地使用权性质，即非经法定审批不能用于非农业建设，不能在承包地上建设住宅。

《土地管理法》规定，国家通过编制土地利用总体规划，实行土地用途管制，严格限制农用地转为建设用地，并对耕地实行特殊保护。该法第十九条规定，乡（镇）土地利用总体规划应当划分土地利用区，根据土地使用条件，确定每一块土地的用途，并予以公告。土地利用总体规划一经批准，必须严格执行。因此，农民承包的耕地、草地、林地等农业用地，以及用于建设住宅的宅基地，均包含在经批准的土地利用总体规划中，必须严格执行，不得擅自改变。

《土地管理法》第六十二条规定，农村村民建住宅应当符合乡（镇）土地利用总体规划，不得占用永久基本农田，并尽量使用原有宅基地和村内空闲地。占用农用地，且未依法办理农用地转用审批手续，属于非法占用土地。根据《土地管理法》第七十八条的规定，农村村民未经批准或采取欺骗手段骗取批准，非法占用土地建住宅的，由县级以上人民政府农业农村主管部门责令退还非法占用的土地，限期拆除在非法占用的土地上新建的房屋。

为了加强耕地保护，2020 年 7 月 29 日，自然资源部、农业农村部发布《关于农村乱占耕地建房“八不准”的通知》，要求：(1) 不准占用永久基本农田建房。(2) 不准强占多占耕地建房。(3) 不准买卖、流转耕地违法建房。(4) 不准在承包耕地上违法建房。(5) 不准巧立名目违法占用耕地建房。(6) 不准违反“一户一宅”规定占用耕地建房。(7) 不准非法出售占用耕地建的房屋。(8) 不准违法审批占用耕地建房。

##  农民能否在承包的耕地上擅自取土？

耕地是人类赖以生存和发展的基础，我国人多地少，要满足中国十四亿人口的吃饭问题，就要确保有足够数量的耕地用于粮食生产。为此，国家将“十分珍惜、合理利用土地和切实保护耕地”确立为一项基本国策，在耕地数量上确定了十八亿亩的耕地保护红线，严格控制耕地转为非耕地。但是仅保护耕地数量显然是不够的，还要保护耕地质量，禁止破坏耕地，防治土壤污染，推动土壤资源永续利用。

《土地管理法》第三十六条规定，“各级人民政府应当采取措施，引导因地制宜轮作休耕，改良土壤，提高地力，维护排灌工程设施，防止土地荒漠化、盐渍化、水土流失和土壤污染”。该条规定了各级人民政府在保护耕地质量方面应承担的责任，引导土地经营管理责任人合理利用耕地，避免给耕地造成破坏。该法第三十七条明确规定了禁止对耕地造成破坏：禁止占用耕地建窑、建坟或者擅自在耕地上建房、挖砂、采石、采矿、取土；禁止占用永久基本农田发展林果业和挖塘养鱼。显然，农民未经许可在耕地上擅自取土，必将破坏耕地的土壤结构，毁坏耕作层，是法律明令禁止的。

《土地管理法》第七十五条规定：“违反本法规定，占用耕地建窑、建坟或者擅自在耕地上建房、挖砂、采石、采矿、取土等，破坏种植条件的，或者因开发土地造成土地荒漠化、盐渍化的，由县级以上人民政府自然资源主管部门、农业农村主管部门等按照职责责令限期改正或者治理，可以并处罚款；构成犯罪的，依法追究刑事责任。”根据该条规定，耕地上是不允许随意取土的，即便登记在农户名下的承包责任田上也不允许随意取土。农民未经许可在承包耕地上随意取土，破坏种植条件的，将会面临以下处罚：（1）限期改正或者治理；（2）罚款；（3）构成犯罪的，追究刑事责任。

## 5 村里建设文化广场占用少部分耕地，可否不办用地手续？

为保障粮食安全，确保中国十四亿人口的饭碗端在自己手里，我国坚持实行最严格的耕地保护制度。村里建设用于村民休闲娱乐的文化广场等公共设施建设，需要占用农用地的，应根据《土地管理法》第四十四条规定办理以下审批手续：

（1）办理农用地转为建设用地的审批手续。《土地管理法》第四十四条规定，建设占用土地，涉及农用地转为建设用地的，应当办理农用地转用审批手续，其中涉及占用永久基本农田的，农用地转为建设用地的由国务院批准。在土地利用总体规划确定的城市和村庄、集镇建设用地规模范围内，为实施该规划而将永久基本农田以外的农用地转为建设用地的，按土地利用年度计划分批次按照国务院规定由原批准土地利用总体规划的机关或者其授权的机关批准。在已批准的农用地转用范围内，具体建设项目用地可以由市、县人民政府批准。在土地利用总体规划确定的城市和村庄、集镇建设用地规模范围外，将永久基本农田以外的农用地转为建设用地的，由国务院或者国务院授权的省、自治区、直辖市人民政府批准。

（2）办理建设用地审批手续。农用地经批准转为建设用地后，拟占用该土地的村集体，应根据《土地管理法》第六十一条的规定，向县级以上地方人民政府自然资源主管部门提出用地申请，按照省、自治区、直辖市规定的批准权限，由县级以上地方人民政府批准。

耕地作为人类赖以生存的基本资源，受到严格的法律保护，如果未经批准擅自占用，属非法占用土地，将会受到法律的惩罚。因此，任何占用耕地从事建设的单位或个人，不论占用面积大小，是否用于公益事业，均应当办理农用地转用手续及用地审批手续。并且，经批准使用耕地的，使用人还应当根据占补平衡的原则，开垦与占用耕地数量相同、质量相当的耕地，以保证我国耕地总量不减少，质量不下降。

## 6 农民能否在承包的永久基本农田上发展林果业?

2019年8月26日修正的《土地管理法》将“基本农田”修改为“永久基本农田”，不仅体现了对基本农田进行永久保护的理念，也进一步完善了永久基本农田保护制度。

《土地管理法》第三十三条规定了永久基本农田保护制度，明确规定将下列土地划为永久基本农田，实行严格保护：（1）经国务院农业农村主管部门或者县级以上地方人民政府批准确定的粮、棉、油、糖等重要农产品生产基地内的耕地；（2）有良好的水利与水土保持设施的耕地，正在实施改造计划以及可以改造的中、低产田和已建成的高标准农田；（3）蔬菜生产基地；（4）农业科研、教学试验田；（5）国务院规定应当划为永久基本农田的其他耕地。这些划定的永久基本农田主要用于粮、棉、油、糖等重要农产品生产，蔬菜生产，以及农业科研、教学试验等。

永久基本农田是耕地中的精华，是解决中国十四亿人口吃饭问题的依靠，对永久基本农田实行特殊保护，是实现粮食基本自给，口粮绝对安全、粮食种植规模基本稳定，将饭碗牢牢端在自己手里的保障。《土地管理法》第三十五条规定，永久基本农田经依法划定后，任何单位和个人不得擅自占用或者改变其用途。国家能源、交通、水利、军事设施等重点建设项目选址确实难以避让永久基本农田，涉及农用地转用或者土地征收的，必须经国务院批准。禁止通过擅自调整县级土地利用总体规划、乡（镇）土地利用总体规划等方式规避永久基本农田农用地转用或者土地征收的审批。

与永久基本农田主要用于种植粮食、蔬菜等重要农产品的用途不同，林果业是通过种植林木、果树等取得收益，或者用于生态绿化，不属于重要农产品的范畴。在永久基本农田上发展林果业，不仅改变了永久基本农田的用途，而且可能对耕地的耕作层造成破坏。因此《土地管理法》第三十七条明确规定，禁止占用永久基本农田发展林果业和挖塘养鱼。同时，2021 年 9 月 1 日起施行的《土地管理法实施条例》第五十一条规定，非法占用永久基本农田发展林果业或者挖塘养鱼的，由县级以上人民政府自然资源主管部门责令限期改正；逾期不改正的，按占用面积处耕地开垦费 2 倍以上 5 倍以下的罚款；破坏种植条件的，依照《土地管理法》第七十五条破坏种植条件的相关规定进行处罚。

## 7　非法占用耕地将会受到哪些处罚？

十分珍惜、合理利用土地和切实保护耕地是我国的基本国策。建设占用土地，涉及农用地转为建设用地的，应当依法办理农用地转用审批手续，坚决制止非法占用土地的行为。为保障国家粮食安全，我国划定了永久基本农田，对耕地实行最严格的保护制度。但在城市化进程中，未批先建，批少占多，批 A 占 B 等违法占用耕地的现象时有发生，只有对这些违法行为依法严肃处理，方能更好地对耕地进行保护。

根据《土地管理法》第七十七条的规定，违法占用土地主要包括以下三类，一是占用农用地未办理农用地转为建设用地的审批手续，或采取欺骗手段骗取批准；二是未办理建设用地审批手续或采取欺骗手段骗取批准；三是超过批准的数量占用土地的，多占的土地以非法占用土地论处。根据该条规定，违法占用土地应当承担如下法律责任：

（1）退回非法占用的土地。由县级以上人民政府自然资源主管部门责令退还非法占用的土地。

（2）限期拆除或没收建筑物。对于违反土地利用总体规划擅自将农用地改为建设用地的，由县级以上人民政府自然资源主管部门，责令非法占用土地的单位或个人，限期拆除在非法占用的土地上新建的建筑物和其他设施，恢复土地原状；对于符合土地利用总体规划的，由县级以上人民政府自然资源主管部门没收在非法占用的土地上新建的建筑物和其他设施。

（3）罚款。县级以上人民政府自然资源主管部门还可以根据违法行为的具体情况，对非法占用土地的行为人处以罚款，根据《土地管理法实施条例》第五十七条的规定，罚款额为非法占用土地每平方米100元以上1000元以下。

（4）处分。单位非法占用土地的，对该单位直接负责的主管人员和其他直接责任人员可依法给予处分。

（5）刑事责任。如果非法占用耕地的行为构成犯罪，将以非法占用农用地罪追究刑事责任。

《刑法》第三百四十二条规定，违反土地管理法规，非法占用耕地、林地等农用地，改变被占用土地用途，数量较大，造成耕地、林地等农用地大量毁坏的，处五年以下有期徒刑或者拘役，并处或者单处罚金。《最高人民法院关于审理破坏土地资源刑事案件具体应用法律若干问题的解释》规定，非法占用基本农田五亩以上、基本农田以外的耕地十亩以上的，属于非法占用耕地数量较大的行为；非法占用耕地建窑、建坟、建房、挖沙、采石、采矿、取土、堆放固体废弃物或者进行其他非农业建设，造成基本农田五亩以上或者基本农田以外的耕地十亩以上种植条件严重毁坏或者严重污染，属于造成耕地大量毁坏的行为；将会以非法占用农用地罪追究刑事责任。

需要说明的是，单位集体决定非法占用耕地达到前述标准的，则构成单位犯罪，对单位判处罚金，对直接负责的主管人员和其他直接责任人员，处五年以下有期徒刑或者拘役，并处或者单处罚金。比如，村民委员会主任召集村民委员会成员集体决定占用10亩耕地建设文化广场，此时，该决定为村民委员会集体决策，村民委员会构成了非法占用农用地罪，将会对该村委判处罚金，对直接负责的村民委员会主任以非法占用农用地罪追究刑事责任。

## 8　村集体能否在本集体所有的荒地上兴建企业？

虽然《土地管理法》第三十七条规定，“非农业建设必须节约使用土地，可以利用荒地的，不得占用耕地；可以利用劣地的，不得占用好地”。但并不是说村集体可以直接利用本集体所有的荒地建设厂房，兴办企业。

《土地管理法》第四条规定国家实行土地用途管制制度。使用土地的单位和个人必须严格按照土地利用总体规划确定的用途使用土地。村集体使用本集体所有的土地，也应根据土地利用总体规划确定的用途使用土地。如果该地块未被确定为建设用地，即使荒地，也不能擅自在该地块上建设厂房、兴建企业。也就是说村集体不论从事何种建设，均应使用建设用地，确需使用农用地或未利用地的，应先行办理土地转用审批手续，依法将农用地或未利用地转为建设用地。

《土地管理法》第六十条对农村集体经济组织兴办企业使用

土地问题作出了具体规定：农村集体经济组织使用乡（镇）土地利用总体规划确定的建设用地兴办企业或者与其他单位、个人以土地使用权入股、联营等形式共同举办企业的，应当持有关批准文件，向县级以上地方人民政府自然资源主管部门提出申请，按照省、自治区、直辖市规定的批准权限，由县级以上地方人民政府批准；其中，涉及占用农用地的，依照本法第四十四条的规定办理审批手续。

根据该规定，不论是村集体自己兴办企业，还是与其他单位、个人以土地使用权入股、联营等形式共同举办企业，均应使用乡（镇）土地利用总体规划确定的建设用地，且应符合以下条件：（1）涉及占用农用地的，依法办理农用地转用手续。（2）取得城乡规划主管部门核发的乡村建设规划许可。（3）符合土地利用总体规划和土地利用年度计划。（4）向县级以上地方人民政府的自然资源主管部门提出用地申请，由县级以上人民政府根据审批权限严格把关，依法审批。（5）不得浪费土地。

事实上，兴办企业需要大量的配套设置，如基本的水电、交通等，在荒地上选址建厂并非理想选择。且荒地并非指抛荒的土地，其是否属于未利用地，应根据《土地利用现状分类》（GB/T 21010—2017）来确定。如果所谓的荒地并不属于未利用地，在土地年度总体规划中仍被划分为农业用地的，擅自占用该土地兴办企业，建设厂房，属于非法占用土地，可能会涉嫌犯罪。

## 9 村集体经济组织能否将集体经营性建设用地出租给他人建设厂房？

2019年修正的《土地管理法》第六十三条设立了集体经营性建设用地制度，即土地利用总体规划、城乡规划确定为工业、商业等经营性用途，并依法登记的集体经营性用地，可以入市交易。集体经营性建设用地入市交易是农村土地制度改革的重要内容，有利于盘活农村建设用地，促进乡村振兴和城乡融合。根据该条以及《土地管理法实施条例》的规定，村集体经济组织完全可以将集体经营性建设用地出租给他人建设厂房。例如，王庄村委准备将某块土地出租给某企业建设厂房，该块土地应当属于集体经营性建设用地，并且进行了不动产所有权登记，且王庄村委为该块土地的所有权人。在实际操作中应注意以下几点：

（1）用于出租的土地应当是取得所有权登记的集体经营性建设用地。根据《土地管理法实施条例》第三十八条的规定，只有国土空间规划确定为工业、商业等经营性用途，且已依法办理土地所有权登记的集体经营性建设用地，土地所有权人可以通过出让、出租等方式交由单位或者个人在一定年限内有偿使用。

（2）编制集体经营性建设用地出租方案。根据《土地管理法实施条例》第三十九条、第四十条的规定，拟出租集体经营性建设用地的土地所有权人应当依据规划条件、产业准入和生态环境保护要求等，编制集体经营性建设用地出租方案，并依照《土地管理法》第六十三条的规定，取得本集体经济组织成员的村民会议三分之二以上成员或者三分之二以上村民代表的同意，形成书面意见，在出租前不少于十个工作日报市、县人民政府审批。集体经营性建设用地出租方案应当载明宗地的土地界址、面积、用途、规划条件、产业准入和生态环境保护要求、使用期限、交易方式、入市价格、集体收益分配安排等内容。准备出租土地的王庄村委应当编制集体经营性建设用地出租方案，该方案应当符合根据规划条件、产业准入、生态环境保护等要求，经村民代表会议三分之二以上多数通过，并报市、县人民政府审批。

（3）确定土地使用者。根据《土地管理法实施条例》第四十一条的规定，土地所有权人应当依据集体经营性建设用地出租方案，以招标、拍卖、挂牌或者协议等方式确定土地使用者。如，王庄村委编制的集体经营性建设用地出租方案审批通过后，王庄村委应以招标、拍卖、挂牌或者协议的方式确定土地使用者，不能未经这些程序直接确定某企业为土地使用人。

（4）签订书面出租合同并备案。根据《土地管理法实施条例》第四十一条的规定，土地使用者确定后，土地所有者、使用者应当签订书面合同，载明土地界址、面积、用途、规划条件、使用期限、交易价款支付、交地时间和开工竣工期限、产业准入和生态环境保护要求，约定提前收回的条件、补偿方式、土地使用权届满续期和地上建筑物、构筑物等附着物处理方式，以及违约责任和解决争议的方法等，并报市、县人民政府自然资源主管部门备案。王庄村委应当与土地使用者签订规范的集体经营性建设用地出租合同，如果王庄村委未将规划条件、产业准入和生态环境保护要求纳入出租合同，将导致合同无效。同时，王庄村委应当将双方签订的合同进行备案。

（5）申请办理不动产登记。根据《土地管理法实施条例》第四十二条的规定，承租集体经营性建设用地的使用者应当对取得的集体经营性建设用地使用权申请办理不动产登记，同时可以对自己依法利用集体经营性建设用地建造的建筑物、构筑物及其附属设施的所有权，依法申请办理不动产登记。承租王庄村委集体经营性建设用地的企业，应当按照约定支付地价款并缴纳相关税费，同时可以对自己取得的集体经营性建设用地使用权、以及在该土地上建设的房屋申请办理不动产登记，并且在不违反合同约定的情形下，有权将自己取得的集体经营性建设用地使用权依法转让、互换、出资、赠与或者抵押，但应书面通知王庄村委。

根据以上规定，依法取得集体经营性建设用地的承租人，在符合规划条件、产业准入和生态环境保护要求，且不违反合同约定，在履行了相关审批手续后，可以在承租的土地上建设厂房。

## 10 什么情况下村集体经济组织可以收回建设用地？

农村集体的土地分为农业用地、建设用地和未利用地。乡镇企业、乡（镇）村公共设施、公益事业等乡（镇）村建设，经批准可以使用集体建设用地。此外，集体经营性建设用地可以通过出让、出租等方式交由单位或个人使用，从而取得土地使用权。

《土地管理法》第六十六条规定，有下列情形之一的，农村集体经济组织报经原批准用地的人民政府批准，可以收回土地使用权：

（1）为乡（镇）村公共设施和公益事业建设，需要使用土地的。因公共设施建设和公益需要用地，强制收回已由他人合法取得的集体土地，应当从严掌握，不仅是为了乡镇公共设施和公益事业建设需要，而且应当是确需收回该土地，没有其他可替代的方式。同时，应当给予原土地使用权人公平、合理的补偿，弥补土地使用权人因集体土地被收回造成的损失。

（2）不按照批准的用途使用土地的。《土地管理法》第六十四条规定，集体建设用地的使用者应当严格按照土地利用总体规划、城乡规划确定的用途使用土地。未按批准的用途使用土地，属于一种违法行为，作为土地所有权人，有权收回土地使用权。

（3）因撤销、迁移等原因而停止使用土地的。用地企业，或公益项目被撤销或迁移等，已经不再使用原批准的集体土地，土地因而被闲置，为了促进土地的合理利用，土地所有权人可以收回土地使用权。

对于集体经营性建设用地，土地使用权人以出租、出让等方式有偿取得了该类土地使用权，目的是从事工业、商业经营，双方的权利义务通过签订合同的方式进行了明确的约定。合同期内，村集体经济组织是否可以收回集体经营用地的土地使用权，如何收回，土地收回以后的违约责任、损害赔偿等问题如何处理，均应按照合同约定，以及法律、行政法规的相关规定进行处理。

# 第六章

# 农民工权利保护问题

## 1　用工企业未与农民工签订劳动合同，农民工能否要求企业支付双倍工资?

用工企业未与农民工签订劳动合同，农民工可以要求用工企业向其支付双倍工资。

《劳动合同法》第十条规定："建立劳动关系，应当订立书面劳动合同。已建立劳动关系，未同时订立书面劳动合同的，应当自用工之日起一个月内订立书面劳动合同……"第八十二条规定："用人单位自用工之日起超过一个月不满一年未与劳动者订立书面劳动合同的，应当向劳动者每月支付二倍的工资。用人单位违反本法规定不与劳动者订立无固定期限劳动合同的，自应当订立无固定期限劳动合同之日起向劳动者每月支付二倍的工资。"据此可知，农民工进入企业工作，企业就应与农民工签订书面劳动合同。如果企业一直拖延，不与农民工订立书面劳动合同，从农民工进入企业工作的第二个月开始，就可以主张双倍工资。

双倍工资最长可以主张十一个月，即从农民工进入用工企业工作的第二个月开始到第一年结束。第一个月属于用工企业与农民工签订劳动合同的宽限期。假如，企业在农民工工作的第七个月与农民工签订了劳动合同，那么农民工可以主张的双倍工资就是从工作第二个月到第六个月，一共五个月。

需要注意的是，农民工向用工企业主张双倍工资，应当及时行使权利，以免超过《劳动争议调解仲裁法》第二十七条规定的仲裁时效，该条规定“劳动争议申请仲裁的时效期间为一年。仲裁时效期间从当事人知道或者应当知道其权利被侵害之日起计算”。

需要说明的是，如果农民工是人力资源公司以劳务派遣的方式派遣到实际用工企业，则与农民工之间存在劳动关系的是人力资源公司，而非实际用工企业，应由人力资源公司根据《劳动合同法》的规定与其派遣的农民工签订劳动合同，并承担未签订劳动合同的法律责任。

## 2 企业未为农民工缴纳社保，农民工发生工伤、患病住院应享有的待遇、应报销的医疗费由谁承担?

农民工所在企业未为农民工缴纳各项社保费用，无论是农民工发生工伤应当享受的工伤保险待遇，还是因患病住院应享有的医疗保险待遇，均由应当依法为其办理参保手续、缴纳社会保险费用的用工企业承担。

《社会保险法》第二条规定："国家建立基本养老保险、基本医疗保险、工伤保险、失业保险、生育保险等社会保险制度，保障公民在年老、疾病、工伤、失业、生育等情况下依法从国家和社会获得物质帮助的权利。"根据该条规定，基本养老保险、基本医疗保险、工伤保险、失业保险和生育保险，是企业必须要为农民工参保并缴纳相关费用的。《工伤保险条例》第六十二条明确规定："用人单位依照本条例规定应当参加工伤保险而未参加的，由社会保险行政部门责令限期参加……未参加工伤保险的用人单位职工发生工伤的，由该用人单位按照本条例规定的工伤保险待遇项目和标准支付费用……"根据《最高人民法院关于审理劳动争议案件适用法律问题的解释（一）》第一条的规定，劳动者以用人单位未为其办理社会保险手续，且社会保险经办机构不能补办导致其无法享受社会保险待遇为由，要求用人单位赔偿损失而发生的纠纷，属于劳动争议，当事人不服劳动争议仲裁机构作出的裁决，依法提起诉讼的，人民法院应予受理。据此可知，如果用工企业未给农民工缴纳工伤保险，在农民工发生工伤时，应由用工企业按照工伤保险的相关规定支付农民工依法应当享有的工伤保险待遇。同样，如果用工企业没有依法给农民工办理基本医疗保险登记，缴纳基本医疗保险，致使农民工在遭遇疾病时无法享受相应的医疗保险待遇，给农民工造成损失的，应当由用工企业对农民工因此产生的损失进行赔偿。例如，张三患病住院共支出医疗费用10万元，因用工企业未为张三缴纳基本医疗保险，致使张三应当报销的7万元医药费用未能报销，该7万元属于用工企业未缴纳基本医疗保险给张三造成的损失，该损失应由用工企业对张三予以赔偿。

另外需要明确一点，企业未给农民工缴纳社会保险，因工伤事故产生的全部医疗费用均由企业承担，包括医疗保险不能报销的部分；如果职工患病或非因工负伤产生的医疗费用，企业只在医疗保险可报销范围内承担医疗费用，对于不在医保报销范围内的费用由患病职工自行承担。

## 3 用工企业为农民工购买意外伤害保险，能否替代工伤保险?

有些企业在雇用农民工时，未按法律规定为农民工购买社会保险，仅为农民工购买人身意外伤害险，发生工伤事故时，以人身意外伤害险理赔的保险金抵付企业应当承担的工伤保险待遇，用工企业这一做法不仅是违法的，也损害了农民工的利益。

《工伤保险条例》第二条规定，中华人民共和国境内的各类企业、有雇工的个体工商户应当依照本条例规定参加工伤保险，为本单位全部职工或者雇工缴纳工伤保险费。根据《工伤保险条例》第六十二条的规定，如果用人单位违反该条例的规定，没有为应当参加工伤保险的职工办理参保手续，社会保险行政部门不仅应责令其限期参加，补缴工伤保险费，并可以责令其缴纳滞纳金。可见工伤保险具有强制性，是企业必须履行的义务。

人身意外伤害险属于商业保险，企业或者自然人可根据自身情况决定是否购买。保险的理赔完全根据保险合同的约定履行，意外伤害发生时，保险公司根据合同约定的保险金数额，将保险金支付给合同约定的受益人。

人身意外伤害险与工伤保险完全是两回事，如果农民工遭受意外伤害属于工伤，人身意外伤害险理赔的保险金，不能折抵农民工依法应当享有的工伤保险待遇，根据《工伤保险条例》第六十二条第二款的规定，未为农民工缴纳工伤保险的用人单位，应按照《工伤保险条例》规定的工伤保险待遇项目和标准向农民工支付费用。也就是说，如果企业仅为农民工购买了人身意外伤害险，未办理工伤保险，意外事故又属于因工作原因造成的，保险合同上约定的保险金应当支付给保险合同约定的受益人，用工企业仍应当根据《工伤保险条例》的规定向农民工支付保险待遇产生的相关费用。

为了分散企业风险，更好地维护职工利益，《国务院关于建立统一的企业职工基本养老保险制度的决定》第二条规定，各地区相关部门要在国家的政策指导下大力发展企业补充养老保险，同时发挥商业保险的补充作用。鼓励企业为从事高危行业的职工购买人身意外伤害保险，作为工伤保险待遇的补充。由此可见，人身意外伤害保险只能作为工伤保险待遇的补充，不能替代工伤保险，用工企业应当依法为职工办理工伤保险，缴纳工伤保险费用。

## 4 用人单位违章指挥，强令农民工冒险作业，农民工能否解除劳动合同并主张经济补偿金？

任何生产均应在确保安全的情况下进行，为确保安全生产，违章指挥、强令职工违章作业均应当完全禁止。

用人单位违章指挥，要求农民工违章作业，农民工完全可以根据《安全生产法》第五十四条的规定，拒绝用人单位的违章指挥和强令冒险作业。并且根据该条规定，用人单位不得因从业人员对本单位安全生产工作提出批评、检举、控告或者拒绝违章指挥、强令冒险作业而降低其工资、福利等待遇或者解除与其订立的劳动合同。

如果用人单位违章指挥、强令农民工冒险作业危及人身安全的，农民工可以立即与用人单位解除劳动合同，无须事先告知用人单位。

《劳动合同法》第三十八条规定了劳动者可以解除劳动合同的情形包括：(1) 未按照劳动合同约定提供劳动保护或者劳动条件的；(2) 未及时足额支付劳动报酬的；(3) 未依法为劳动者缴纳社会保险费的；(4) 用人单位的规章制度违反法律、法规的规定，损害劳动者权益的；(5) 一方以欺诈、胁迫的手段或者乘人之危，使对方在违背真实意思的情况下订立或者变更劳动合同，致使劳动合同无效的；(6) 法律、行政法规规定劳动者可以解除劳动合同的其他情形。该条同时规定，用人单位以暴力、威胁或者非法限制人身自由的手段强迫劳动者劳动的，或者用人单位违章指挥、强令冒险作业危及劳动者人身安全的，劳动者可以立即解除劳动合同，无须事先告知用人单位。并且《劳动合同法》第四十六条规定，用人单位因存在《劳动合同法》第三十八条规定的情形，劳动者因此解除劳动合同的，应当向劳动者支付经济补偿金。也就是说，用人单位违章指挥，强令农民工冒险作业危及人身安全，劳动者不仅可以立即与其解除劳动合同，而且可以要求用人单位向农民工支付解除劳动合同的经济补偿金。

解除劳动合同经济补偿金的数额，根据农民工在该企业工作时间，及本人前十二个月的月平均工资来确定，《劳动合同法》第四十七条规定："经济补偿按劳动者在本单位工作的年限，每满一年支付一个月工资的标准向劳动者支付。六个月以上不满一年的，按一年计算；不满六个月的，向劳动者支付半个月工资的经济补偿。劳动者月工资高于用人单位所在直辖市、设区的市级人民政府公布的本地区上年度职工月平均工资三倍的，向其支付经济补偿的标准按职工月平均工资三倍的数额支付，向其支付经济补偿的年限最高不超过十二年。本条所称月工资是指劳动者在劳动合同解除或者终止前十二个月的平均工资。"比如，劳动者在企业工作了五年七个月，因企业违章指挥，强令职工冒险作业而解除劳动合同，该劳动者解除劳动合同前十二个月的月平均工资为5000元，企业应当向劳动者支付六个月的经济补偿金，计3万元。

## 5 企业拖欠农民工工资，该如何维权？

《劳动法》第五十条规定，工资应当以货币形式按月支付给劳动者本人，不得克扣或者无故拖欠劳动者的工资。为确实保障农民工工资得到按时、足额的支付，国务院颁布了《保障农民工工资支付条例》，该条例已于2020年5月1日实施，第十条第一款规定："被拖欠工资的农民工有权依法投诉，或者申请劳动争议调解仲裁和提起诉讼。"据此，拖欠农民工工资可以通过以下几种方式维护自己的合法权益。

（1）向人力资源社会保障行政部门投诉。

《保障农民工工资支付条例》第三条规定，农民工有按时足额获得工资的权利，任何单位和个人不得拖欠农民工工资。第十条规定，被拖欠工资的农民工有权依法投诉，任何单位和个人对拖欠农民工工资的行为，有权向人力资源社会保障行政部门或者其他有关部门举报。

根据该条例的规定，人力资源社会保障行政部门受理投诉或举报后，在查处拖欠农民工工资案件时，可以根据需要查询相关单位的财产状况，可以请求公安机关和其他部门协助处理，涉嫌构成拒不支付劳动报酬罪的应当移送公安机关，对作出的责令支付被拖欠的农民工资决定相关单位不支付的，可以依法申请法院强制执行。该条例赋予人力资源社会保障行政部门在处理农民工工资案件时的诸多权力，可以有效解决拖欠农民工工资问题。被拖欠工资的农民工可以直接向人力资源社会保障行政部门投诉，由人力资源社会保障行政部门依法解决用人单位拖欠农民工工资问题。相较于其他方式，向人力资源社会保障行政部门投诉更加有效、便捷。

（2）向劳动争议仲裁委员会申请仲裁。

根据《劳动争议仲裁调解法》第二条、第五条的规定，劳动者与用人单位因劳动报酬发生争议可以向劳动争议仲裁委员会申请仲裁，据此用人单位拖欠农民工工资的，农民工可以根据该规定依法申请劳动仲裁，由劳动争议仲裁委员会根据《劳动争议仲裁调解法》的规定，对拖欠农民工工资案件进行审理，并依法作出裁决。裁决前双方也可以协调解决，协商一致的，由劳动争议仲裁委员会制作调解书。发生法律效力的调解书、裁决书均可作为申请强制执行的依据。

需要说明的是，根据《劳动争议仲裁调解法》第四十七条的规定，追索劳动报酬、工伤医疗费、经济补偿或者赔偿金，不超过当地月最低工资标准十二个月金额的争议；以及因执行国家的劳动标准在工作时间、休息休假、社会保险等方面发生的争议，劳动争议仲裁委员作出的仲裁裁决为终局裁决，任何一方不得再向法院提起诉讼。除此之外，劳动争议仲裁委员作出的裁决，任何一方不服均可向人民法院提起诉讼。若任何一方当事人向人民法院提起诉讼，劳动争议仲裁委员会作出的裁决将不发生法律效力，应以人民法院最后作出的生效判决为准。

（3）用人单位出具有工资欠条的，农民工可以直接向人民法院提起诉讼。

《最高人民法院关于审理劳动争议案件适用法律问题的解释（一）》第十五条规定，劳动者以用人单位的工资欠条为证据直接向人民法院起诉，诉讼请求不涉及劳动关系其他争议的，视为拖欠劳动报酬争议，人民法院按照普通民事纠纷受理。据此，符合该规定的农民工可以持用人单位出具的欠条直接向人民法院提起民事诉讼，除此之外，只能通过前两种方式解决。

需要强调的是，农民工不论采用何种方式维护自己的权益，都要注重证据的保留、收集，如劳动合同、工作证、上岗证、考勤打卡记录、发放工资的银行转账记录、企业出具的工资欠条等，用以证明自己与用人单位之间存在劳动关系。

## 6　农民工遭遇工伤，应当如何提出工伤认定申请？

农民工在单位遭遇事故伤害，属于工伤的，首先，应当由农民工所在单位提起工伤认定申请。《工伤保险条例》第十七条规定，职工发生事故伤害或者按照《职业病防治法》规定被诊断、鉴定为职业病，所在单位应当自事故伤害发生之日或者被诊断、鉴定为职业病之日起三十日内，向统筹地区劳动保障行政部门提出工伤认定申请。如果用工企业未在该期限内为农民工提交工伤认定申请，在从事故伤害发生之日或职业病确诊之日起到劳动保障行政部门受理工伤认定申请之日产生的工伤待遇等有关费用由该用人单位负担。

其次，农民工或其家属、工会也可依法提起工伤认定申请。《工伤保险条例》第十七条规定，如果用人单位未按前述规定提出工伤认定申请，工伤职工或者其直系亲属、工会组织在事故伤害发生之日或者被诊断、鉴定为职业病之日起一年内，可以直接向用人单位所在地统筹地区劳动保障行政部门提出工伤认定申请。注意一定要在一年内提出工伤认定申请，否则劳动部门对超过一年的工伤认定申请不予受理，将可能导致工伤职工无法享受应有的工伤保险待遇。

同时，《工伤保险条例》第十八条规定："提出工伤认定申请应当提交下列材料：（一）工伤认定申请表；（二）与用人单位存在劳动关系（包括事实劳动关系）的证明材料；（三）医疗诊断证明或者职业病诊断证明书（或者职业病诊断鉴定书）。工伤认定申请表应当包括事故发生的时间、地点、原因以及职工伤害程度等基本情况……"

需要注意的是，如果农民工或其家属提起工伤认定申请，应当注意收集如劳动合同、工资发放记录、工作证、上岗证、考勤打卡记录、证人证言等可以证明与企业存在劳动关系的证据材料，以及事故发生时的视频、音频资料，现场照片，证人证言，报警记录等任何可以证明所受伤害属于工伤的相关证据材料。

## 7 农民工跟包工头在建筑工地干活受伤，能否被认定为工伤？

农民工跟包工头在建筑工地干活受伤，能否认定为工伤，主要看农民工与用工企业之间是否存在劳动关系。

农民工跟包工头到建筑工地干活，常见的情形有以下几种：

（1）农民工跟包工头到建筑工地后，接受建筑用工企业的管理，由建筑用工企业直接给农民工发放工资，用工规范的企业还会与农民工签订劳动合同，交纳各项社会保险费用，此时，包工头的地位相当于企业用工介绍人，或建筑工地的领班，农民工与建筑用工企业之间形成劳动关系，如果农民工干活时受伤，属于在工作时间和工作场所内，因工作原因受到事故伤害的，符合《工伤保险条例》第十四条第一款规定的情形，应当认定为工伤，由建筑用工企业对农民工应当享有的工伤待遇承担责任。

（2）农民工跟着包工头到建筑工地干活，但农民工所干的活是包工头承包的劳务或建设工程，农民工的工资是包工头支付的，建筑企业仅向包工头支付劳务费或工程款，并不向农民工支付工资。此时，认定企业与农民工之间存在劳动关系比较困难。但是，《劳动和社会保障部关于确立劳动关系有关事项的通知》第四条明确规定："建筑施工、矿山企业等用人单位将工程（业务）或经营权发包给不具备用工主体资格的组织或自然人，对该组织或自然人招用的劳动者，由具备用工主体资格的发包人承担用工主体责任。"发包方既然违反规定将工程或劳务承包给了没有用工主体资格的包头工，应据此规定承担用工主体责任。同时，《最高人民法院关于审理工伤保险行政案件若干问题的规定》也有类似规定，用工单位违法将承包业务转包给不具有用工主体资格的组织或自然人，该组织或自然人聘用的职工从事承包业务时因工伤亡的，用工单位为承担工伤保险责任的单位。据此，农民工在建筑工地干活受伤，应当由发包企业承担用工主体责任，由发包企业对农民工应当享有的工伤待遇承担责任。

（3）这种情形较为少见，即包工头为劳务派遣公司的人员，农民工实质是被劳务派遣公司派遣到建筑工地干活，此时农民工与劳务派遣公司之间形成劳动关系，如果农民工在建筑工地干活受伤，符合《工伤保险条例》规定的工伤认定标准的，应当认定为工伤，但承担工伤保险责任的是劳务派遣公司，不是建筑用工企业。

## 8 农民工上班期间突发疾病，两天内去世，是否属于工伤？

《工伤保险条例》第十五条规定，下列三种情形视同工伤：（1）在工作时间和工作岗位，突发疾病死亡或者在48小时之内经抢救无效死亡的；（2）在抢险救灾等维护国家利益、公共利益活动中受到伤害的；（3）职工原在军队服役，因战、因公负伤致残，已取得革命伤残军人证，到用人单位后旧伤复发的。

农民工上班期间突发疾病，两天内去世，是否属于工伤，还应根据《人力资源和社会保障部法规司关于如何理解〈工伤保险条例〉第十五条第（一）项的复函》，进行具体分析认定。

该复函认为“在工作时间和工作岗位上，突发疾病死亡或者在48小时之内经抢救无效死亡”的理解与适用，应严格按照工作时间、工作岗位、突发疾病、径直送医院抢救等四要件并重，具有同时性、连贯性来掌握。具体情形主要包括：（1）职工在工作时间和工作岗位突发疾病当场死亡；（2）职工在工作时间和工作岗位突发疾病，且情况紧急，直接送医院或医疗机构当场抢救并在48小时内死亡的，属于工伤。至于其他情形，如虽在工作时间、工作岗位发病或者自感不适，但未送医院抢救而是回家休息，48小时内死亡的，不应视同工伤。

根据该复函的意见，如果农民工工作上班期间突发疾病，当场死亡，或紧急送医途中死亡，或经医疗机构抢救无效，并在48小时内死亡的，应当认定为因工死亡。如果农民工虽在上班期间突发疾病，但并未立即就医，而是回家休息，或回家后又去就医的，即不符合视同工伤的认定标准，不应认为因工死亡。

如果申请工伤认定的近亲属，对不予认定工伤的结论不服，可以根据《工伤保险条例》第五十五条的规定向上一级社会保险行政部门申请行政复议，也可以依法向人民法院提起行政诉讼；如果用工企业对工伤认定结论不服的，也可以依法申请行政复议或提起行政诉讼。

## 9 农民工上下班途中发生交通事故受伤，是否属于工伤？

《工伤保险条例》第十四条规定，职工有下列情形之一的，应当认定为工伤：（1）在工作时间和工作场所内，因工作原因受到事故伤害的；（2）工作时间前后在工作场所内，从事与工作有关的预备性或者收尾性工作受到事故伤害的；（3）在工作时间和工作场所内，因履行工作职责受到暴力等意外伤害的；（4）患职业病的；（5）因工外出期间，由于工作原因受到伤害或者发生事故下落不明的；（6）在上下班途中，受到非本人主要责任的交通事故或者城市轨道交通、客运轮渡、火车事故伤害的；（7）法律、行政法规规定应当认定为工伤的其他情形。农民工上班途中发生交通事故受伤是否属于工伤，要根据具体情况来分析确定。

首先要看交通事故发生的时间和地点，是否属于上下班途中的合理时间、合理路线。根据《最高人民法院关于审理工伤保险行政案件若干问题的规定》第六条规定，“上下班途中”包括以下四种情形：（1）在合理时间内往返于工作地与住所地、经常居住地、单位宿舍的合理路线的上下班途中；（2）在合理时间内往返于工作地与配偶、父母、子女居住地的合理路线的上下班途中；（3）从事属于日常工作生活所需要的活动，且在合理时间和合理路线的上下班途中；（4）在合理时间内其他合理路线的上下班途中。只要农民工发生交通事故的时间、地点符合该四种情形之一的，应当属于"上下班途中"。

其次要看农民工在此次交通事故或者城市轨道交通、客运轮渡、火车事故伤害事故中，是否承担责任，承担什么样的责任。只要农民工在前述事故中不承担主要责任或全部责任，均属于"非本人主要责任"。换句话说，只要农民工在交通事故或伤害事故中没有责任，或者承担次要责任、同等责任，甚至事故责任无法认定的，都属于"非本人主要责任"的情形。

只要农民工发生交通事故既符合"上下班途中"的规定，也符合"非本人主要责任"的要求，即属于工伤，应当依法享受工伤保险待遇。

## 10 农民工发生交通事故被认定为工伤，可否既要求交通事故赔偿，又要求工伤赔偿？

农民工在上下班途中发生非本人主要责任的交通事故，根据《工伤保险条例》第十五条的规定属于工伤，农民工依法享受工伤保险待遇，是基于其与企业间存在劳动关系，根据劳动保障法而享有的相关权利。同时，农民工发生交通事故受伤，根据《民法典》第一千一百六十五条的规定，行为人因过错侵害他人民事权益造成损害的，应当承担侵权责任。此时，肇事方对受害人的损害进行赔偿，是基于肇事方实施的侵权行为，根据《民法典》的规定应当承担损害赔偿责任。工伤赔偿与交通事故损害赔偿属于两个完全不同的领域。

《工伤保险条例》第五章规定了工伤应当享有的工伤保险待遇，主要包括医疗康复费用、住院伙食补助费、交通食宿费、辅助器具所需费用，构成伤残的，还有伤残津贴或一次性伤残补助金或一次性医疗补助金，终止或解除劳动合同的还有一次性伤残就业补助金；因工死亡的，还包括丧葬补助金、供养亲属抚恤金和因工死亡补助金等费用。

根据《民法典》第一千一百七十九条的规定，侵害他人造成人身损害的，应当赔偿医疗费、护理费、交通费、营养费、住院伙食补助费等为治疗和康复支出的合理费用，以及因误工减少的收入。造成残疾的，还应当赔偿辅助器具费和残疾赔偿金；造成死亡的，还应当赔偿丧葬费和死亡赔偿金。

《最高人民法院关于审理工伤保险行政案件若干问题的规定》第八条规定，职工因第三人的原因受到伤害，社会保险行政部门以职工或者其近亲属已经对第三人提起民事诉讼或者获得民事赔偿为由，作出不予受理工伤认定申请或者不予认定工伤决定的，人民法院不予支持。职工因第三人的原因受到伤害，社会保险行政部门已经作出工伤认定，职工或者其近亲属未对第三人提起民事诉讼或者尚未获得民事赔偿，起诉要求社会保险经办机构支付工伤保险待遇的，人民法院应予支持。职工因第三人的原因导致工伤，社会保险经办机构以职工或者其近亲属已经对第三人提起民事诉讼为由，拒绝支付工伤保险待遇的，人民法院不予支持，但第三人已经支付的医疗费用除外。

据此可知，农民工上下班途中发生交通事故并被认定为工伤的，即属于《最高人民法院关于审理工伤保险行政案件若干问题的规定》第八条规定的职工因第三人（肇事方）的原因受到伤害的情形，不但可以根据《民法典》的规定向肇事方主张侵权损害赔偿，同时可以根据《工伤保险条例》的规定要求负有工伤保险待遇支付义务的单位支付除了医疗费用之外的工伤保险待遇。

## 11　农民工因工伤骨折住院，可以享受哪些工伤保险待遇？

农民工因工伤骨折住院治疗，属于工伤的，依法享受工伤保险待遇。根据《社会保险法》第三十八条和第三十九条的规定，从工伤保险基金中列支的费用包括：（1）医疗费用和康复费用；（2）住院伙食补助费；（3）到统筹地区以外就医的交通食宿费；（4）安装配置伤残辅助器具所需费用；（5）生活不能自理的生活护理费；（6）一次性伤残补助金和一级至四级伤残职工按月领取的伤残津贴；（7）终止或者解除劳动合同的一次性医疗补助金；（8）丧葬补助金、供养亲属抚恤金和因工死亡补助金；（9）劳动能力鉴定费。由用人单位支付的费用包括：（1）治疗工伤期间的工资福利；（2）五级、六级伤残职工按月领取的伤残津贴；（3）终止或者解除劳动合同时，应当享受的一次性伤残就业补助金。《工伤保险条例》作为《社会保险法》的具体操作规定，对工伤待遇的计付标准，给出了更加明确的解释。

至于农民工因工受伤造成的骨折，是否构成伤残，构成几级伤残，在劳动保障行政部门依法作出农民工所受伤害属于工伤的认定后，由用人单位、工伤职工或者其直系亲属根据《工伤保险条例》第二十三条的规定提出申请，由劳动能力鉴定委员会根据《劳动能力鉴定职工工伤与职业病致残等级》，作出工伤职工劳动能力鉴定结论。

《劳动能力鉴定职工工伤与职业病致残等级》（GB/T 16180—2014），依据骨折部位、骨折的类型、愈后有无功能障碍等，对不同骨折分别构成几级伤残作出了明确规定，即便是身体各部位骨折愈合后无功能障碍或轻度功能障碍者，也构成了最末一级伤残——十级伤残。以十级伤残为例，根据《工伤保险条例》第五章的规定，构成十级伤残的农民工应享有的工伤待遇有：

（1）工伤医疗待遇，通常由用工单位或社保部门据实承担。（2）职工住院治疗工伤的伙食补助费，以及经医疗机构出具证明并报经办机构同意后工伤职工到统筹地区以外就医所需的交通、食宿费用，从工伤保险基金支付，基金支付的具体标准由统筹地区人民政府规定。（3）在接受工伤医疗的停工留薪期内，原工资福利待遇不变，但一般不超过12个月。在工伤职工评定伤残等级后，停发原待遇，按照本章的有关规定享受伤残待遇。（4）生活不能自理的工伤职工在停工留薪期需要护理的，由所在单位负责。（5）一次性伤残补助金，十级伤残为6个月的本人工资。（6）劳动合同期满终止，或者职工本人提出解除劳动合同的，用人单位支付一次性工伤医疗补助金和伤残就业补助金，具体标准由省、自治区、直辖市人民政府规定。（7）十级伤残因伤残等级较低，通常无须《工伤保险条例》第三十条规定的辅助器具以及第三十二条规定的生活护理费。

# 第七章

# 农村社会救助问题

## 1　哪些人可以享受最低生活保障?

为了加强社会救助，保障公民的基本生活，促进社会公平，维护社会和谐稳定，2014 年国务院颁布了《社会救助暂行办法》，并于 2019 年修订，该办法规定了最低生活保障、特困人员供养、受灾人员救助、医疗救助、教育救助、住房救助、就业救助和临时救助，确立了完整清晰的社会救助制度体系。2020 年 8 月，中共中央办公厅、国务院办公厅印发《关于改革完善社会救助制度的意见》提出了用两年左右时间，健全分层分类，城乡统筹的中国特色社会救助体系。符合救助标准的农民，完全可以根据上述规定，申请相应救助。目前，已经有许多符合条件的农民在享受国家最低生活保障政策，即通常所说的“低保”。

《社会救助暂行办法》第九条规定，共同生活的家庭成员人均收入低于当地最低生活保障标准，且符合当地最低生活保障家庭财产状况规定的家庭，经申请，应当享受最低生活保障。最低生活保障标准，由省级政府或者设区的市级政府按照当地居民生活必需的费用确定、公布。

农民申请“低保”，首先应由生活困难的家庭成员向户籍所在地的乡镇人民政府提出书面申请，有特殊困难的，也可委托村民委员会代为提出申请。其次由乡镇人民政府进行调查核实，提出初审意见，并在申请人所在村进行公示后报县级人民政府民政部门审批。最后由县级人民政府民政部门审查，对符合条件的予以批准，并在申请人所在村、社区公布；对不符合条件的不予批准，并向申请人说明理由。“低保”家庭最低生活保障金的支付标准，为共同生活的家庭成员人均收入低于当地最低生活保障标准的差额。最低生活保障金由民政部门按月发给。同时，根据《社会救助暂行办法》的规定，享受“低保”的家庭还可以申请医疗救助、教育救助、住房救助、就业救助，符合条件经审批可以享受相关的救助政策。

当然，如果享受“低保”的农村家庭人口状况、收入状况、财产状况发生变化，应当及时告知所在乡镇人民政府，乡镇人民政府也会定期进行核查，经核查确实发生变化的，由县级人民政府民政部门根据情况及时决定增发、减发或者停发最低生活保障金。

另外，《中共中央办公厅、国务院办公厅关于改革完善社会救助制度的意见》规定，对不符合低保条件的低收入家庭中的重度残疾人、重病患者等完全丧失劳动能力和部分丧失劳动能力且无法依靠产业就业帮扶脱贫的人员，采取必要措施保障其基本生活。

## 2 对无人扶养的特困人员应当如何救济？

《社会救助暂行办法》规定了最低生活保障制度，但是，有些特困人员除了经济上困难之外，生活上也面临着无人照料的情形。《社会救助暂行办法》对该部分人的扶养问题也作出了具体的规定，2016 年国务院出台了《关于进一步健全特困人员救助供养制度的意见》，对特困人员的认定范围、申请程序、供养制度等，进一步予以明确。

根据民政部《特困人员认定办法》第四条的规定，结合《中共中央办公厅、国务院办公厅关于改革完善社会救助制度的意见》，特困人员是指无劳动能力、无生活来源且无法定赡养、抚养、扶养义务人或者其法定义务人无履行义务能力的城乡老年人、残疾人以及未满十八周岁的未成年人。

对特困人员供养的基本内容主要包括：（1）提供基本生活条件；（2）对生活不能自理的给予照料；（3）提供疾病治疗；（4）办理丧葬事宜。可见对无人扶养的特困人员，除了向其提供基本生活条件、疾病治疗、安排身后事之外，还应当对生活不能自理的特困人员给予照料，包括日常生活照料、住院期间的必要照料等基本服务。特困供养人员可以自由选择供养方式，由当地的供养服务机构集中供养，也可以在家分散供养。

根据《国务院关于进一步健全特困人员救助供养制度的意见》，具备生活自理能力的，鼓励其在家分散供养；完全或者部分丧失生活自理能力的，优先为其提供集中供养服务；未满十六周岁的特困人员，安置到儿童福利机构供养。

申请特困人员供养的程序与申请最低生活保障的程序基本相同。同时，乡镇政府，或街道办事处发现符合特困供养条件的人员，应当主动为其依法办理供养。

在政策待遇上，符合相关条件的特困人员，可同时享受城乡居民基本养老保险、基本医疗保险等社会保险和高龄津贴等社会福利待遇。同时，根据《社会救助暂行办法》的规定，特困供养人员还可以申请医疗救助、教育救助、住房救助、就业救助，符合条件经审批可以享受相关的救助政策。但是，纳入特困人员救助供养范围的，不再适用最低生活保障政策；纳入孤儿基本生活保障范围的，不再适用特困人员救助供养政策；纳入特困人员救助供养范围的残疾人，不再享受困难残疾人生活补贴和重度残疾人护理补贴。当然，当特困供养人员不再符合供养条件的，应当告知所在乡镇人民政府或街道办事处，经审核后，报县级人民政府民政部门核准后，终止供养。

## 3　交通事故受害方如何申请道路交通事故社会救助基金?

道路交通事故社会救助基金是指依法筹集用于垫付机动车道路交通事故中受害人人身伤亡的丧葬费用、部分或者全部抢救费用的社会专项基金。这项制度充分体现了国家和社会对公民生命安全和健康的关爱和救助，是对机动车交通事故责任强制保险（交强险）制度的补充。《道路交通安全法》第七十五条规定，医疗机构对交通事故中的受伤人员应当及时抢救，不得因抢救费用未及时支付而拖延救治。

根据《道路交通事故社会救助基金管理试行办法》第十二条的规定，当受害人的抢救费用超过交强险责任限额，或肇事机动车未参加交强险，或机动车肇事后逃逸，均属于救助基金垫付受害人丧葬费用、部分或者全部抢救费用的情形，但抢救费用原则上仅垫付从抢救开始时起 72 小时内发生的抢救费用，特殊情况下超过 72 小时的抢救费用应由医疗机构书面说明理由。

申请救助基金垫付抢救费用的基本程序为：符合救助基金垫付条件且需要垫付抢救费用的，由公安机关交通管理部门在三个工作日内书面通知救助基金管理机构。医疗机构在抢救受害人结束后，对尚未结算的抢救费用，向救助基金管理机构提出垫付申请，并提供有关抢救费用的证明材料。救助基金管理机构收到垫付通知、医疗机构垫付尚未结算抢救费用的申请及相关材料后，在五个工作日内进行审核，对符合垫付要求的，由救助基金管理机构将相关费用划入医疗机构账户。

申请救助基金垫付丧葬费用的基本程序为：需要救助基金垫付丧葬费用的，由受害人亲属凭处理该道路交通事故的公安机关交通管理部门出具的《尸体处理通知书》和本人身份证明向救助基金管理机构提出书面垫付申请；救助基金管理机构收到丧葬费用垫付申请和有关证明材料后，符合垫付要求的，在三个工作日内按照有关标准垫付丧葬费用，并书面告知处理该道路交通事故的公安机关交通管理部门。

面对突发的不幸事故，农民朋友们可以申请道路交通事故社会救助基金解决燃眉之急。但是，在享受救助基金带来的便利之后，应当根据《道路交通事故社会救助基金管理试行办法》第二十四条的规定，协助救助基金管理机构向道路交通事故责任人进行追偿。

## 4 没钱打官司，如何申请法律援助？

法律援助是指由政府设立的法律援助机构组织承担法律援

助义务的律师，为经济困难或特殊案件的人给予无偿提供法律服务的一项法律保障制度。农村居民因经济困难，无钱聘请律师，或具备《法律援助条例》规定的特殊情形的，可以根据《法律援助条例》的规定申请法律援助。

《法律援助条例》第十条规定，(1) 依法请求国家赔偿的；(2) 请求给予社会保险待遇或者最低生活保障待遇的；(3) 请求发给抚恤金、救济金的；(4) 请求给付赡养费、抚养费、扶养费的；(5) 请求支付劳动报酬的；(6) 主张因见义勇为行为产生的民事权益的，上述案件中，当事人因经济困难没有委托代理人的，可以向法律援助机构申请法律援助。

《法律援助条例》第十一条规定，刑事诉讼中有下列情形之一的，公民可以向法律援助机构申请法律援助：(1) 犯罪嫌疑人在被侦查机关第一次讯问后或者采取强制措施之日起，因经济困难没有聘请律师的；(2) 公诉案件中的被害人及其法定代理人或者近亲属，自案件移送审查起诉之日起，因经济困难没有委托诉讼代理人的；(3) 自诉案件的自诉人及其法定代理人，自案件被人民法院受理之日起，因经济困难没有委托诉讼代理人的。

《法律援助条例》第十二条规定，公诉人出庭公诉的案件，被告人因经济困难或者其他原因没有委托辩护人，人民法院为被告人指定辩护时，法律援助机构应当提供法律援助。被告人是盲、聋、哑人或者未成年人而没有委托辩护人的，或者被告人可能被判处死刑而没有委托辩护人的，人民法院为被告人指定辩护时，法律援助机构应当提供法律援助，无须对被告人进行经济状况的审查。

申请法律援助可以到县、区司法局法律援助中心申请，与当地司法局法律援助中心联系后申请法律援助。申请人申请法律援助，应当提交以下材料：（1）居民身份证、户籍证明或其他有效的身份证明；（2）有关单位出具的申请人及家庭成员经济状况证明；（3）与所申请法律援助事项相关的证明及证据材料；（4）法律援助机构认为需要提供的其他材料。

根据《法律援助条例》规定，经济困难的标准规定由省、自治区、直辖市人民政府根据本行政区域经济发展状况和法律援助事业的需要规定。申请人住所地的经济困难标准与受理申请的法律援助机构所在地的经济困难标准不一致的，按照受理申请的法律援助机构所在地的经济困难标准执行。

农村村民只要符合当地法律援助机构所要求的经济困难的标准，且属于《法律援助条例》规定的援助范围，经本人申请，可以获得法律援助，由承担法律援助义务的律师为自己无偿提供法律服务。

## 5 具备哪些条件，可以申请减免诉讼费用？

农民因经济困难无钱打官司时，不仅可以申请法律援助，由法律援助中心指派律师无偿提供法律服务，而且交纳诉讼费用确有困难的农民，还可以向受理案件的法院提出申请，由法院决定是否给予免、减、缓交诉讼费用的司法救助。

根据国务院《诉讼费用交纳办法》第六条的规定，诉讼费用包括：（1）案件受理费；（2）申请费；（3）证人、鉴定人、翻译人员、理算人员在人民法院指定日期出庭发生的交通费、住宿费、生活费和误工补贴。因此，当事人申请免、减、缓的诉讼费用，应当包括前述费用。

《诉讼费用交纳办法》第四十五条规定了人民法院准予免交诉讼费用的情形：（1）残疾人无固定生活来源的；（2）追索赡养费、扶养费、抚育费、抚恤金的；（3）最低生活保障对象、农村特困定期救济对象、农村五保供养对象或者领取失业保险金人员，无其他收入的；（4）因见义勇为或者为保护社会公共利益致使自身合法权益受到损害，本人或者其近亲属请求赔偿或者补偿的；（5）确实需要免交的其他情形。

该办法第四十六条规定了人民法院准予减交诉讼费用的情形：（1）因自然灾害等不可抗力造成生活困难，正在接受社会救济，或者家庭生产经营难以为继的；（2）属于国家规定的优抚、安置对象的；（3）社会福利机构和救助管理站；（4）确实需要减交的其他情形，当事人申请司法救助，人民法院应当准予减交诉讼费用，且减交比例不得低于30%。

该办法第四十七条规定了人民法院准予缓交诉讼费用的情形：（1）追索社会保险金、经济补偿金的；（2）海上事故、交通事故、医疗事故、工伤事故、产品质量事故或者其他人身伤害事故的受害人请求赔偿的；（3）正在接受有关部门法律援助的；（4）确实需要缓交的其他情形。

符合这些情形的农民可以向法院申请免、减、缓交诉讼费用。申请免、减、缓交诉讼费用，应当在起诉或者上诉时提交书面申请、足以证明本人确有经济困难的证明材料以及其他相关证明材料。因生活困难或者追索基本生活费用申请免交、减交诉讼费用的，还应当提供本人及其家庭经济状况符合当地民政、劳动保障等部门规定的公民经济困难标准的证明。

## 6 什么情况下可以申请国家司法救助?

国家司法救助是对遭受犯罪侵害或民事侵权，无法通过诉讼获得有效赔偿的当事人，采取的辅助性救济措施。与法院对当事人免交、减交或缓交诉讼费的司法救助不是同一个概念。

2015年12月7日中央政法委、财政部、最高人民法院、最高人民检察院、公安部、司法部《关于建立完善国家司法救助制度的意见（试行）》，对国家司法救助作出了明确规定。

根据该意见规定国家司法救助对象包括，（1）刑事案件被害人受到犯罪侵害，致使重伤或严重残疾，因案件无法侦破造成生活困难的；或者因加害人死亡或没有赔偿能力，无法经过诉讼获得赔偿，造成生活困难的。（2）刑事案件被害人受到犯罪侵害危及生命，急需救治，无力承担医疗救治费用的。（3）刑事案件被害人受到犯罪侵害而死亡，因案件无法侦破造成依靠其收入为主要生活来源的近亲属生活困难的；或者因加害人死亡或没有赔偿能力，依靠被害人收入为主要生活来源的近亲属无法经过诉讼获得赔偿，造成生活困难的。（4）刑事案件被害人受到犯罪侵害，致使财产遭受重大损失，因案件无法侦破造成生活困难的；或者因加害人死亡或没有赔偿能力，无法经过诉讼获得赔偿，造成生活困难的。（5）举报人、证人、鉴定人因举报、作证、鉴定受到打击报复，致使人身受到伤害或财产受到重大损失，无法经过诉讼获得赔偿，造成生活困难的。（6）追索赡养费、扶养费、抚育费等，因被执行人没有履行能力，造成申请执行人生活困难的。（7）对于道路交通事故等民事侵权行为造成人身伤害，无法经过诉讼获得赔偿，造成生活困难的。（8）党委政法委和政法各单位根据实际情况，认为需要救助的其他人员。同时，涉法涉诉信访人，其诉求具有一定合理性，但通过法律途径难以解决，且生活困难，愿意接受国家司法救助后息诉息访的，可参照执行。

该意见同时规定，具有以下情形之一的，一般不予救助：(1）对案件发生有重大过错的；(2）无正当理由，拒绝配合查明犯罪事实的；(3）故意作虚伪陈述或者伪造证据，妨害刑事诉讼的；(4）在诉讼中主动放弃民事赔偿请求或拒绝加害责任人及其近亲属赔偿的；（5）生活困难非案件原因所导致的；(6）通过社会救助措施，已经得到合理补偿、救助的；（7）对社会组织、法人，不予救助。

农村村民符合国家司法救助条件的，应当向办案机关提出书面申请，并如实提供实际损害后果、生活困难、是否获得其他赔偿等材料，经办案机关审核后，决定是否给予救助以及救助金额。同意救助的，由财政部门及时将救助资金拨付给办案机关，由办案机关通知申请人领取救助资金。对急需医疗救治等特殊情况，办案机关也可以先行救助，之后及时补办审批手续。

## 7 新冠疫情期间，全家没有收入，生活困难，能否获得社会救助?

新冠疫情期间，因多种原因致使农民不能打工挣钱，甚至整个家庭无法正常投入生产劳动，没有积蓄，没有收入，致使基本生活陷入困境。这些因新冠疫情引发的公共卫生事件，以及因遭遇突发事件、意外伤害、重大疾病等原因导致基本生活暂时陷入困境的农民及其家庭，可以申请临时救助，获得帮助，渡过难关。

《社会救助暂行办法》第四十七条规定了临时救助制度。临时救助分为急难型救助和支出型救助。（1）急难型救助对象主要包括因火灾、交通事故等意外事件，家庭成员突发重大疾病及遭遇其他特殊困难等原因，导致基本生活暂时出现严重困难、需要立即采取救助措施的家庭和个人。（2）支出型救助对象主要包括因教育、医疗等生活必需支出突然增加超出家庭承受能力，导致基本生活在一定时期内出现严重困难的家庭，原则上其家庭人均可支配收入应低于当地上年度人均可支配收入，且家庭财产状况符合当地有关规定。

为更好地解决疫情防控期间部分群众面临的突发性、紧迫性、临时性生活困难，《民政部办公厅关于做好新型冠状病毒感染肺炎疫情防控期间有关社会救助工作的通知》《中央应对新型冠状病毒感染肺炎疫情工作领导小组关于进一步做好疫情防控期间困难群众兜底保障工作的通知》等文件，均将临时救助适用于受疫情影响致贫的人员。

《中央应对新型冠状病毒感染肺炎疫情工作领导小组关于进一步做好疫情防控期间困难群众兜底保障工作的通知》要求，对符合条件的建档立卡贫困人口，要及时纳入低保、特困供养、临时救助范围。对受疫情影响致贫的其他人员和返贫的建档立卡贫困人口，要及时落实临时救助等社会救助政策，确保其基本生活不受影响。该通知同时规定，对因家庭成员被隔离收治导致基本生活出现暂时困难的家庭，由当地街道（乡镇）或县级民政部门实施临时救助。对生活困难的患者及其家庭，按规定及时纳入低保、特困供养或临时救助范围；对其中的病亡人员家庭，加大临时救助力度。各地对基本生活受疫情影响，其他社会救助制度暂时无法覆盖的困难群众，要通过临时救助做到凡困必帮、有难必救。

因疫情陷入生活困境的农民及其家庭，可以申请社会救助，帮助自己渡过难关。县级民政部门大多开通了“12349”社会救助服务热线，有需要的农民朋友可拨打该服务电话，了解救助政策，提出救助需求。

此外，有不少社会组织成立了慈善机构，如中华慈善总会、中国红十字会、中国扶贫基金会、中国宋庆龄基金会等，分别从事不同的慈善救助活动，符合慈善机构救助条件的农民也可以向这些慈善机构申请救助。

**图书在版编目（CIP）数据**

农村法律知识实用问答 / 苏华伟，李艳丽著 . —北京：中国法制出版社，2021. 8（2024. 7重印）

ISBN 978 - 7 - 5216 - 2052 - 8

Ⅰ. ①农… Ⅱ. ①苏… ②李… Ⅲ. ①法律 - 中国 - 问题解答 Ⅳ. ①D920. 5

中国版本图书馆 CIP 数据核字（2021）第 141169 号

责任编辑 王佩琳　　封面设计 杨鑫宇

**农村法律知识实用问答**

NONGCUN FALÜ ZHISHI SHIYONG WENDA

著者/苏华伟，李艳丽

经销/新华书店

印刷/北京虎彩文化传播有限公司

开本/880 毫米 × 1230 毫米 32 开　　印张/ 7. 75 字数/ 120 千

版次/2021 年 8 月第 1 版　　2024 年 7 月第 5 次印刷

中国法制出版社出版

书号 ISBN 978 - 7 - 5216 - 2052 - 8　　定价：30. 00 元

北京市西城区西便门西里甲 16 号西便门办公区

邮政编码：100053　　传真：010 - 63141852

**网址：http：//www. zgfzs. com　　编辑部电话：010　63141798**

**市场营销部电话：010 - 63141612　　印务部电话：010 - 63141606**